これから勉強する人のための

The easiest
law textbook

日本一やさしい
法律の教科書

品川皓亮【著】
Kosuke Shinagawa

佐久間毅【監修】
Takeshi Sakuma

日本実業出版社

はじめに

　法律の面白さを誰でも体感できる入門書をつくりたい——。こんな想いから、本書は生まれました。
　一見、無味乾燥で何の面白味もないようにも見える法律の勉強ですが、実はそんなことはありません！　一つひとつの条文の奥には、たくさんのドラマチックな「物語」が隠れています。法律は私たちが想像するよりもずっと人間臭いものなのです。私はこれらの「物語」や「人間臭さ」を学ぶことが、法律の面白さを体感することであると考えています。

　私は大学に入学した当初は哲学を専攻していましたが、たまたま受講した法律科目の講義をきっかけに法律の面白さにのめり込み、法学部へと転部しました。私自身、法律の面白さに魅了された人間の一人です。そして、法律を勉強すればするほど「この面白さを一般の人にも知ってもらいたい」と感じるようになりました。
　しかし残念なことに、「楽しい」「よくわかる」などと謳ったこれまでの入門書の多くは、内容がむずかし過ぎたり、法律の基礎知識を羅列するにとどまっていたりして、法律の面白さを伝えることに成功したとは言い難いものでした。そこで私のなかに「法律の面白さを誰でも体感できる入門書をつくりたい」という想いが生まれ、これが本書を貫くテーマとなっています。

　今日の社会においては、法律と無関係に一生を終えることのできる人はいないといっても過言ではありません。普通の生活をしていても、法律についての知識がないとどうにもならない状況に出くわすことも多々あります。そんなとき、「せっかく法律を学ぶなら、"楽しく"学んでもらいたい」というのが、私の願いです。
　本書では、条文の奥に秘められた「物語」を読者のみなさんと読み解いていくことにより、法律の勉強で最も面白い部分を味わっていただきたいと考えています。本書を手に取ってくださった方々が法律の醍醐味に触れ、楽し

く法律を学ぶことで、法律にさらに興味をもっていただけることを願ってやみません。

＊　　　　＊　　　　＊

　本書の執筆にあたっては、京都大学大学院法学研究科の佐久間毅教授に監修をお願いし、懇意にご指導をいただきました。土井真一教授、髙山佳奈子教授にもご協力を賜り、多くの貴重なご意見をいただきました。

　また、出版のきっかけを与えてくださった「出版甲子園」スタッフの皆様と、日本実業出版社の編集部の皆様には、格別のご配慮をいただきました。

　上記の方々に加え、粟辻悠さん（京都大学大学院法学研究科博士後期課程院生）、中島央貴さん（京都大学大学院法学研究科法曹養成専攻院生）、髙田真理さん（京都大学大学院農学研究科食品生物科学専攻院生）、結城遼大さん（東京大学教養学部文科一類学部生）をはじめ、着想から出版までのすべての過程において、友人や先輩方から多くのご指摘と温かい応援をいただきました。

　本書の執筆を終え、私の胸は、ここにはお名前を挙げることのできなかった方々を含め、執筆にあたりご協力いただいたすべての方々に対する感謝の気持ちでいっぱいです。そのすべての方々に対し、この場を借りて心よりお礼申し上げます。

平成23年9月
秋風の通り抜ける京都大学キャンパスにて　　　　　　　　　品川皓亮

〈第13刷によせて〉

　平成15年の初版から刷を重ね、今回、第13刷に到りました。これもひとえに読者の皆様のおかげであり、この場を借りて御礼申し上げます。

　この第13刷の機会に、一部の条文を令和2年4月から施行される改正民法の条文に修正いたしました。この点、お含みいただけたら幸いです。

令和2年3月　　　　　　　　　　　　　　　　　　　　　　　品川皓亮

Contents

これから勉強する人のための
日本一やさしい法律の教科書

はじめに

序章

その1　こんなみなさんのための本です …… 10
その2　これから勉強する「法律」…… 13
その3　この本を読む前に知ってほしい2つのこと …… 16
その4　本格的に勉強を始める前の準備体操 …… 20

第1部　憲法

Part 1　人権が制限される幸せな社会？
【憲法の特徴と構造】

その1　はじめに
　　　──人権が制限される社会に住みたい？ …… 28
その2　憲法の3つの特徴
　　　──最高法規性、自由の基礎法、制限規範性 …… 30
その3　人権と統治
　　　──憲法の構造を知ろう …… 36

Part 2　人権は誰かにもらうもの？
【憲法上の人権の性質と種類】

その1　憲法上の人権は生まれながらの権利？ …… 42

その2　人権の種類
　　　──①自由権、②参政権、③社会権 …… 50

その3　人権の享有主体性
　　　──外国人に人権はあるか？ …… 54

Part 3　「私の自由」と「みんなの幸せ」
【自由と人権の限界】

その1　人権には限界がある …… 58

その2　公共の福祉
　　　──「みんなの幸せ」のために我慢しよう！ …… 63

その3　二重の基準論
　　　──違憲審査のしかた …… 68

Part 4　三権分立の真の意味
【立法権・司法権・行政権の役割】

その1　はじめに
　　　──お互いに足を引っ張り合う？ …… 76

その2　立法権（国会）の役割
　　　──国会が一番偉い？ …… 78

その3　司法権（裁判所）の役割
　　　──裁判所もお手上げの争いごと …… 82

その4　行政権（内閣）の役割
　　　──行政権は残り物 …… 87

その5　三権分立の意味
　　　──互いに足を引っ張り合う3つの権力 …… 89

Part 5　お互いに足を引っ張り合う制度
【統治の基本制度】

その1　はじめに
　　　　――どうやって「足を引っ張り合う」？ …… 94

その2　議院内閣制
　　　　――時に手を取り合い、
　　　　　時ににらみ合う国会と内閣（①②）…… 95

その3　違憲審査権
　　　　――裁判所はおせっかい？（③⑤）…… 100

その4　司法権の独立
　　　　――裁判所には文句がいえない（④⑥）…… 104

第2部　民法・会社法と民事訴訟法

Part 6　「殺人契約」も有効？
【民法の基本と大原則】

その1　はじめに
　　　　――「殺人契約」が結ばれた！ …… 112

その2　民法の全体像 …… 114

その3　民法上の権利と義務 …… 116

その4　私的自治の原則とその例外 …… 121

Part 7　「勘違い」はどこまで許される？
【民法のエッセンス】

その1　意思表示
　　　　――意思を相手に伝える方法 …… 128

その2　意思主義と表示主義
　　　——2つの方向性 …… 132

その3　民法のエッセンス
　　　——「本来あるべき姿」と「他人から見た外観」…… 139

Part 8　先に買ったのに損をする！
【二重譲渡と公示の原則】

その1　はじめに
　　　——先に買ったのに損をする？ …… 146

その2　物権変動と公示の原則
　　　——登記や引渡しをお忘れなく！ …… 148

その3　二重譲渡
　　　——1つの物は二度売れる …… 152

その4　公示の原則の根拠 …… 158

Part 9　会社は誰のもの？
【株式会社の仕組み】

その1　この世に会社がある理由 …… 164

その2　株主は会社の所有者 …… 168

その3　株式の2つの特徴 …… 177

Part 10　「真実の発見」よりも大切なこと
【民事訴訟法の特徴】

その1　はじめに
　　　——当事者の納得が一番大切 …… 182

その2　実体法と手続法 …… 184

その3　民事訴訟手続の全体像 …… 188

その4　民事訴訟制度の目的
　　　　──「真実発見」は重要ではない？…… 192

第3部　刑法と刑事訴訟法

Part11　罰するべきか、見逃すべきか
【刑法の機能と犯罪の成立要件】

その1　刑法の2つの機能
　　　　──刑法は何のためにある？…… 202

その2　犯罪成立の3ステップ …… 208

Part12　悪いのは「殺そうとした」から？
「死んだ」から？【違法性と正当防衛】

その1　違法性の本質
　　　　──「違法」という言葉に隠された2つの意味 …… 216

その2　正当防衛
　　　　──身を守るためなら処罰されない …… 224

その3　偶然防衛
　　　　──たまたま「防衛しちゃった」場合は？…… 228

Part13　悩める窃盗罪
【窃盗罪の保護法益】

その1　はじめに
　　　　──謎に包まれた窃盗罪の保護法益 …… 234

その2　本権説
　　　　──窃盗罪の保護法益は「権利」？…… 235

その3　占有説
　　　　──窃盗罪の保護法益は「物を持っていること」？ …… 241
　　その4　両説の問題点の克服
　　　　──結局、どっちが正しいの？ …… 245

Part14　刑事訴訟法が主役になる！
【刑事訴訟法の役割と目的】

　　その1　刑事訴訟法の基礎知識
　　　　──これを読めばニュースがわかる！ …… 252
　　その2　刑事訴訟法の役割
　　　　──主役を狙う刑事訴訟法 …… 257
　　その3　刑事訴訟法のエッセンス
　　　　──「人権保障」と「真実発見」 …… 261

　　索引

カバーデザイン／井上新八
本文デザイン・DTP／ムーブ（新田由起子、川野有佐）

序章

こんなみなさんのための本です

この本の目指すもの

　ようこそ、「日本一やさしい法律の教科書」へ。この本は、**これまでまったく法律に縁のなかった人のための本**です。いわば、みなさんがはじめて法律に出会う瞬間、そっと手助けをしてくれるための本であるといえます。

　これまで法律に縁のなかった人が法律と出会う瞬間は、人によってさまざまでしょう。資格試験で法律科目がある人、大学の法学部に入った人、会社で法律知識が必要になった人、法律の世界がどんなものかちょっと覗いてみたい人……。

　しかし、ご存じのとおり、法律は非常に難解です。やみくもに勉強を始めたのではすぐにつまらなくなってしまいます。

　そこで、この本の出番です。この本は、次に紹介する**2つのコツを使うことで、むずかしくてつまらないと思われがちな法律の勉強を、みなさんの好奇心を刺激しつつ、最も効率的な方法で学んでいくための本**なのです。

法律を楽しく効果的に学ぶためのコツ

　では早速、**法律を楽しく効果的に学ぶための2つのコツ**を紹介しましょう。

◆醍醐味だけを「いいとこどり」

　1つ目のコツは、**法律の醍醐味だけを「いいとこどり」するところから勉強を始める**という方法です。これは、**その法律で一番おもしろいところ、その法律の醍醐味を感じられるところから勉強を始める**というものです。

　この本では、法律の基礎知識は最小限にとどめ、法律の醍醐味に焦点をしぼって解説します。細かいことは抜きにして、まずは**法律の面白さを体感する**ことが、法律を理解する一番の近道なのです。

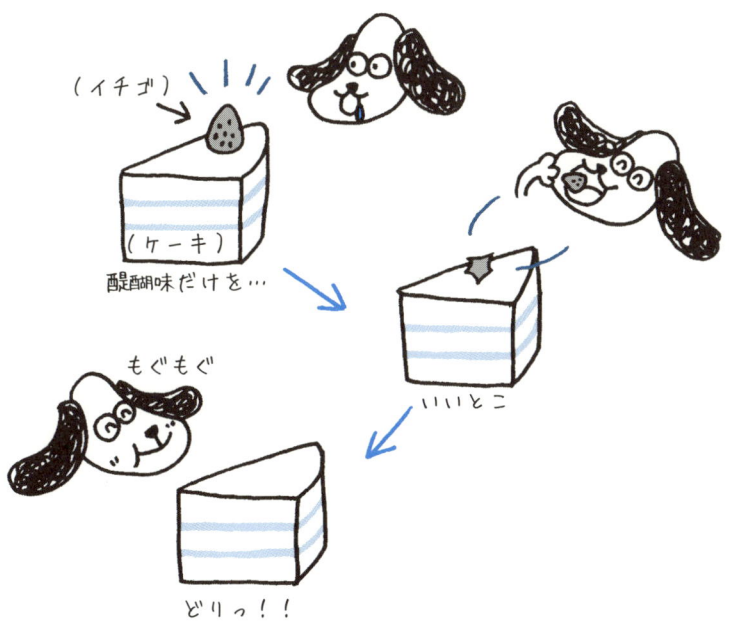

◆脳にイメージを焼きつける

2つ目のコツは、**脳にイメージを焼きつける**という勉強方法です。

たとえば、蜜柑という果物を見たことも食べたこともない子供に、蜜柑とは何かを説明するとします。このとき、「蜜柑とはミカン科ミカン属の常緑小高木のことで…」と言葉で説明するよりも、本物の蜜柑を食べさせるほうが、その子は蜜柑をより理解できるでしょう。

このように、**物事を「知る」ためには言葉で理解するよりも感覚で理解するほうが効果的な場合もあるのです。**

この本では、**法律を感覚で理解**することを目指します。法律を学ぶファーストステップとしては、**法律の考え方の「イメージ」を頭に思い浮かべることができるようになるほうが大切**なのです。
　この本には、**身近で想像しやすい具体的なケースと、たくさんのイラストや図**が盛り込まれています。これにより、法律を感覚的に理解し、大まかにその全体像を頭に叩き込むことが可能になるのです。

これから勉強する「法律」

法律って何だ？

◆法──法則とルール

　これから私たちは、この本を通じて法律を学んでいきます。

　では、「法律」とは、いったいどんなものなのでしょうか？　それを知る手がかりとして国語辞典を開いてみると、「法」という言葉のもつ代表的な意味は次の2つであることがわかります。1つは①**物事の法則**、もう1つは②**社会のルール**という意味です。

　①物事の法則とは、万有引力の法則など、主に**自然科学で扱う「法」**のことをいいます。これに対し、②社会のルールとは、「嘘をついてはいけない」、「目上の人を敬え」など、**道徳・慣習・宗教上の決まりごと**などのことです。私たちがこれから学んでいく「法律」も、②社会のルールにあたります。

　①と②の最大の違いは、①**物事の法則は、時代・国・文化・宗教を問わず通用する「法」**であるのに対し、②**社会のルールは、特定の時代・国・文化・宗教でしか通用しない**という点です。

　また、①**物事の法則は「～である」という真理を述べたもの**であるのに対し、②**社会のルールのほうは「～べき」という一定の価値観を示すもの**であるということもできます。

　これから私たちが学んでいく法律は、②社会のルールとしての法にあたるので、**法律は特定の価値観を前提として、特定の地域や時代にしか通用しないものである**ことを覚えておいてください。

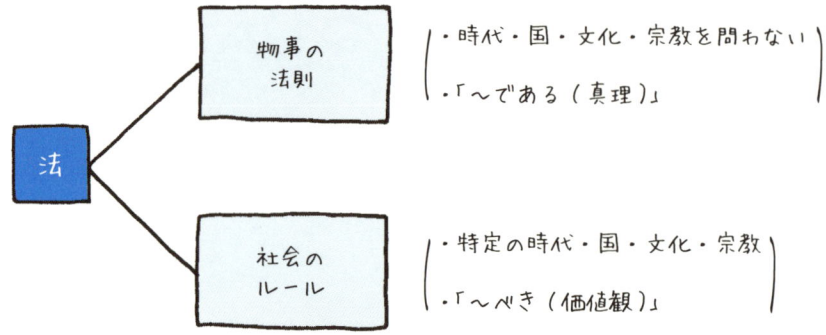

◆社会のルールの中身──道徳と法律

　また、法律には、それに**違反した場合に国家権力による強制的な手段がとられる**という特徴をもつものもあります。この点は、法律以外の「社会のルール」に違反した場合には道徳的・社会的な非難にとどまり、国家による制裁はあり得ないのとは対照的であるといえます。

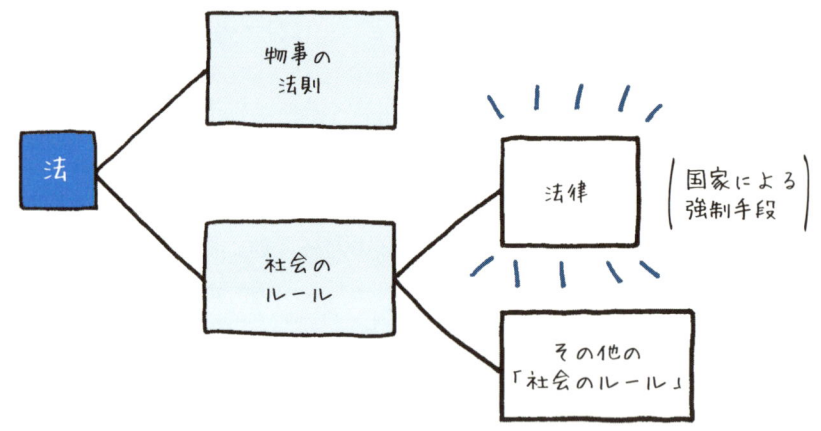

世界に法律が生まれたワケ──法律の必要性

　では、そもそも法律はなぜこの世界に必要なのでしょうか？　この問いには、いまから2000年以上前を生きたギリシアの哲学者、アリストテレスが答えてくれています。

「人間は、本来社会的動物である。」

　人間は一生ほかの誰とも関わりをもつことなく、たった一人だけで生きていくことはできません。家庭、地域社会、国家など、私たちの人生には集団的な生活が不可欠の要素です。しかし、**人間が集団で生活をする以上、必ず紛争（もめごと）が起こります。**

　そして、**円滑な集団生活を成り立たせるためには、「第三者」が客観的で公平な立場から、紛争を終わらせる必要があります。**もっとも、第三者には公平性が要求されるので、行き当たりばったりやその場の感情で紛争を解決することは許されません。

　そこで、**紛争を解決するときに参照することのできる基準（ルール）を、あらかじめつくっておくことが必要**になります。そのルールこそが、まさに「法律」なのです。

まとめ

- 「法律」は広い意味での「法」の1つだが、そのなかでも特定の価値観を前提として特定の国・時代でのみ通用する社会のルールのことをいう。このなかには、国家による強制手段を伴うものもある。
- 人間は集団で生活をする以上、必ず紛争（もめごと）が起こる。円滑な集団生活を成立させるためには、第三者が客観的で公平な立場から判断を下す必要がある。そのために事前に決められたルールが法律である。

この本を読む前に知ってほしい2つのこと

法律の解釈——法律の勉強は六法を覚えるだけじゃない

　私はよく法律を学んだことのない人たちから、「法学部の学生は六法を暗記するの？」と尋ねられます。たしかに、法律の勉強において六法に書かれた内容をある程度覚えておくことも大切です。

　でも実は、**法律を覚えているだけでは、実際には役に立たない**ことが多いのです。

　そこでここでは、この本を読む前にみなさんに知っておいてほしい2つのことをご紹介します。それは、①法律の勉強の中心は「法律の解釈」であり、②そこで求められることは理論と常識のバランスの取れた解釈を行なうことであるということです。

　まずは、次の【ケース】を見てください。

【ケース】
　AはBを殺そうと思いピストルを撃ったが、弾はBの足をかすっただけで、Bのケガは命に別状がない程度であった。BはAにさらに攻撃されるのをおそれ、逃げようと思いとっさに道に飛び出したところ、たまたま通りかかった車にはねられ死亡した。

　さて、この【ケース】の場合、みなさんが裁判官なら、Aにはどのような犯罪が成立すると判断しますか？
　刑法には次のように定められています。

刑法第199条（殺人罪）
　人を殺した者は、死刑又は無期若しくは5年以上の懲役に処する。

> **刑法第203条（殺人未遂罪）**
> 第199条及び前条の罪の未遂は、罰する。

　この【ケース】では、刑法第199条の殺人罪と、刑法第203条の殺人未遂罪のどちらが成立するのでしょうか？　刑法第199条には「人を殺した者は」と書かれていますが、Aは「Bを殺した」といえるのでしょうか？
　Aが「Bを殺した」といえるためには、Aの行為とBの死亡という結果の間に、「原因と結果」の関係があることが必要となります。
　【ケース】では、たしかにAがピストルを撃ったことでBが道に飛び出し、その結果Bは車にはねられ死亡しているので、原因と結果の関係があるようにも思えます。しかし、Bが死亡した直接の原因はAの行為によるものではなく、自分で道に飛び出して車にはねられたことにあります。
　このように考えると、Aの行為はBの死亡の原因ではないということもいえるように思えます（このとき、Aには殺人未遂罪しか成立しません）。

　さあ、困ってしまいました。この疑問に対する答えは、六法全書のどこを読んでも書かれていません。
　このように、法律の条文を読んでも結論が出ない場合には、**「法律の解釈」**が必要となります。法律の解釈とは、**条文のなかで使われている言葉の具体的な意味を明らかにしていく**作業のことをいいます。

　今回の【ケース】でいえば、「人を殺した」とは具体的にどのような意味なのかを明らかにしていく作業です。「人を殺した」とは、ある行為によって直接的に死亡した場合だけをいうのか、もしくは、行為のあとに被害者の不注意な行動によって結果が発生した場合も含むのか……、これを考えていくのが「法律の解釈」です。
　法律の勉強とは六法を覚えることではなく、**法律の条文を適切に「解釈」して、個々の事案を解決していくための方法を学んでいくことなのです。**

法律における「正解」──理論と常識

　次に、「法律の勉強における正解とは何か？」という問いを考えてみたい

と思います。

みなさんが法律の勉強を始めてまず驚くことは、**法律のどんな教科書を読んでも正解が書いていない**ということだと思います。法律の教科書に正解が書かれていないのは、法律は数学や自然科学の世界と違って、**「誰の目から見ても正しい答え」というものは存在しない**からです。

先ほどの【ケース】でいうと、一方で、「Aの行為のせいでBは死亡しているのだから、Aには殺人罪が成立するべきだ」という考え方があります。

他方で、「Bが死んだのはたまたま自分であわてて道に飛び出したためなのだから、AがBを『殺した』とはいえない」という考え方もあり得ます。

では、法律の問題における「正解」とは何でしょうか？

それは、**誰もが納得できる結論**です。「誰もが納得できる」とは、①**「論理的な理由づけ」がなされていること、②社会の常識からして妥当な結論であること**をいいます。

①「論理的な理由づけ」がなされているとは、「筋がとおっていること」「矛盾がないこと」「条文に根拠があること」などを意味します。

法律の世界では、**矛盾のない論理的な理由づけ**が必要とされるのです。

もっとも、それだけでは、「誰もが納得できる」ものにはなりません。どんなに理由が論理的であったとしても、結論が非常識であったりする場合には、その結論は「社会の常識からして妥当な結論」とはいえません。これが②の要素です。

結論においては、一般の人が常識的に考えて「まあそんなところでよいかな」と思えることが必要なのです。

①と②の要請は、時として相対立する場合があります。①論理だけを重視すると、あまりに常識はずれな答えになることがあります。一方、②社会の常識だけを重視すると、感覚的な結論となり説得力に欠けることになりがちです。

「誰もが納得できる解答」として法律の世界で高く評価されるのは、①と②の要請をバランスよく満たしている結論なのです。

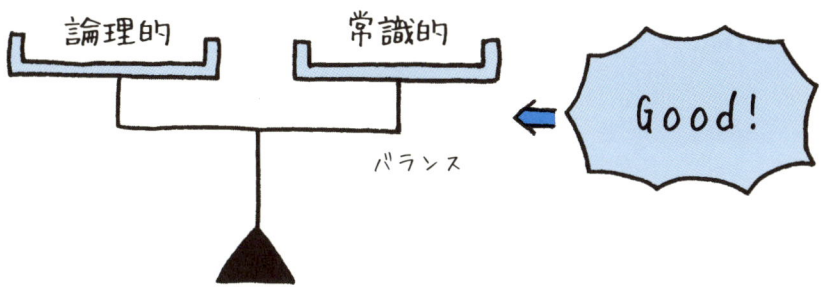

> **まとめ**
>
> ●法律を覚えているだけでは実際には役に立たないことが多いので、その場合には、「法律の解釈」が必要となる。法律の勉強とは、法律を解釈して個々の事案を解決していくための方法を学んでいくことである。
> ●法律の問題における「正解」とは、誰もが納得できる解答である。これは、①論理的な理由づけがなされていて、②社会の常識からして妥当な結論であることをいう。

本格的に勉強を始める前の準備体操

　さて、いよいよ「序章」も最後のステップです！　ここでは、これから本格的にこの本で法律を学んでいくための基本となる知識を説明します。

条文、判例、学説

　先ほど、「誰もが納得できる解答」といえるためには、「論理的な理由づけ」が必要であることを説明しました。法律の世界で何かを主張するためには、**しっかりとした根拠・理由づけが必要**になります。

　そして、法的な主張の根拠・理由づけとして使われるのは、大きく分けて①**条文**、②**判例**、③**学説**の３つです。まずはそれぞれどのようなものかを理解しておきましょう。

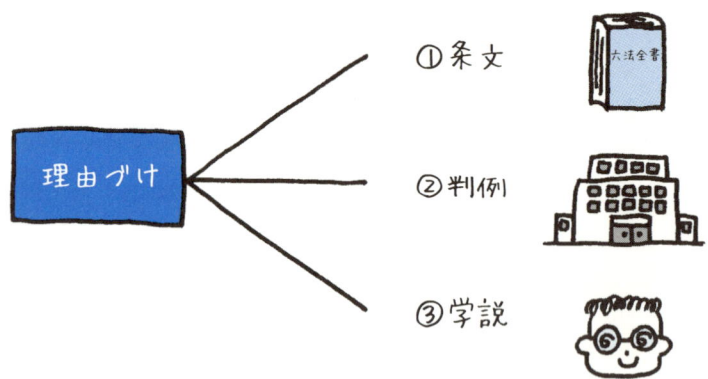

◆①条文

　条文とは、各法律に箇条書きの形で記載された文章のことをいいます。「民法第110条」といえば、民法という法律の110番目に書かれた条文のこ

とを指します。

法的な議論のスタートは、いつでも条文であるということを忘れないでください。

具体的な事件が発生した場合、まず六法に書かれた条文によって解決できるかどうかを検討する必要があります。条文をすべて暗記する必要はありませんが、必要なときに適切な条文を見つけ出し、それをケースにあてはめることができなければなりません。

◆②判例

次に、判例について説明します。判例とは、**裁判所が事件を解決するために下した判断**のことをいいます。

具体的な事件において条文をそのままあてはめてもうまく事件が解決しない場合、「法律の解釈」が必要になります。その際に、「このような場合にはこう解釈すべきだ」と裁判所が示した判断が判例です（なお、単に「判例」といった場合、特に最高裁判所の判断だけを意味することが多いです）。

判例は、裁判所という国家機関が現実の事件を解決するために実際に下した判断です。したがって、判例が示した解釈は法律の世界ではとても重要な意味をもつことになります。

◆③学説

最後に学説についてです。学説とは、**学者による「法律の解釈」**のことをいいます。つまり、ある「法律の解釈」について、学者の意見が学説、裁判所の意見が判例というわけです。

ある論点について、多くの学者がおおむね賛成している説を「通説」と呼びます。もっとも、100％正しい学説というものは存在しないので、みなさんが最も説得力があると考えた学説を採用し、自分の意見として法律の議論を組み立てていけばよいのです。

条文の構造と読み方（要件と効果）

先ほど述べたとおり、具体的な事件を解決する第一歩は条文をあてはめることです。ここでは、条文の構造と読み方の基本を勉強しましょう。

条文を理解する第一歩は、**要件と効果**という概念を知ることから始まります。条文の最も基本的な枠組みは、「**Aという要件が満たされると、Bという効果が発生する**」というものです。
　要件とは、**ある法的な効果が発生するための条件**のことであり、効果とは、**法律上の権利や義務**のことです。

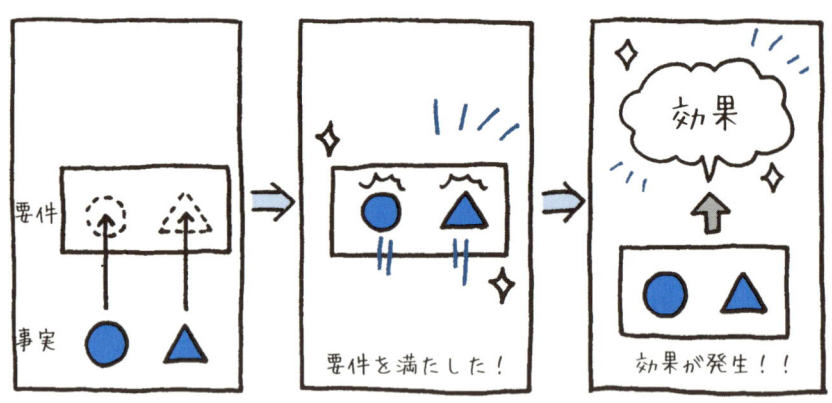

　民法の条文を例にして具体的に見てみましょう。

> **民法第555条**
> 　売買は、当事者の一方がある財産権を相手方に移転することを約し、相手方がこれに対してその代金を支払うことを約することによって、その効力を生ずる。

　これは売買契約に関する条文です。この条文は簡単にいうと、次のことを意味しています。

> ①売主が「ある物を買主に譲ること」を約束し、②買主が「それに対して代金を支払うこと」を約束すると、売買契約の効力が発生する。

　この条文のうち、①売主が「ある物を買主に譲ること」を約束するという部分と、②買主が「それに対して代金を支払うこと」を約束するという部分

とが、「要件」にあたります（前者を「要件①」、後者を「要件②」と呼ぶことにします）。

そして、「売買契約の効力が発生する」という部分が「効果」にあたります。たとえば、AがBに「この時計を1,000円で売ってあげるよ」といったとします。これで要件①が満たされます。

次に、Bが「わかった。1,000円支払うからその時計を売ってくれ」と答えたとしましょう。これにより、要件②も満たされたことになります。

これで売買契約に必要な要件はすべて満たされました。

したがって、売買契約の効果が発生します。具体的には、BはAに対して、約束したとおりに時計を渡すよう求めることができます。また、AはBに対して、約束した1,000円の支払を求めることができます。

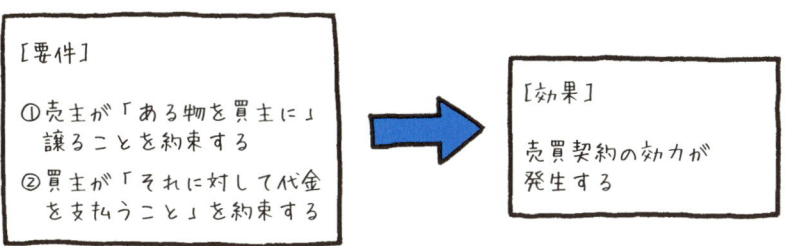

要件と効果という言葉は、法律を始める段階では少しむずかしいと思います。しかし、これからの勉強で何度も繰り返し出てくる言葉ですので、使っているうちに言葉の意味がはっきりとわかってきます。したがって、いまの段階ではそれほど気にせず、次にこの言葉に出会った際にここでの説明を思い出してくれればOKです。

さあ、ここまで、そもそも法律とは何なのかという話から、どうやって法的な議論が進んでいくのか、そして六法に載っている条文の読み方まで勉強しました。

これで法律の勉強を始める準備は十分に整ったといえます。ここまで読んでくださったみなさんは、自信をもってPart 1へと進んでください！

（Part 1 からは、**ポチくん**が生徒として勉強に参加してくれます。みなさんもポチくんの気持ちになって、楽しく勉強を進めていってくださいね）

> **まとめ**
>
> ● 法律の議論において根拠・理由づけとして使われるのは、①条文、②判例、③学説の３つである。①条文とは「各法律に箇条書きの形で記載された文章」のこと、②判例とは「裁判所が事件を解決するために下した判断」のこと、③学説とは、「学者による法律の解釈」のことをいう。
>
> ● 条文の最も基本的な枠組みは、「Ａという要件が満たされると、Ｂという効果が発生する」というものである。要件とは「ある法的な効果が発生するための条件」のことをいい、効果とは「法律上の権利や義務」のことをいう。

第1部

憲法

Part 1

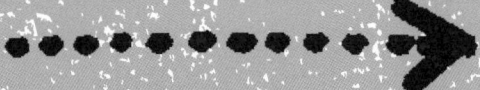

人権が制限される幸せな社会？
【憲法の特徴と構造】

はじめに
——人権が制限される社会に住みたい？

> Part 1からいよいよ本格的に法律の勉強が始まるんだね！

　そうですね。そして、国の法秩序の最も根本にあり、さまざまな法律の基礎となるのは「憲法」ですので、まずは憲法から勉強していきましょう。
　憲法の勉強を始める足がかりとして、ポチくんに1つ質問をさせてください。ポチくんなら、次のうちどの社会で暮らしたいですか？

　A　個人の人権が100％守られ、100％自由な社会
　B　個人の人権が80％守られ、80％自由な社会
　C　個人の人権が20％守られ、20％自由な社会

> Aが一番いいんじゃない？　学校で憲法について勉強したときは、ぼくたちには自由や人権が保障されていて、とても大切なものだと教わったよ！

　なるほど、たしかにそのとおりですね。しかし私なら、Bの社会で暮らしたいと思います。

> え、どうしてBのほうがいいの？　自由や人権が尊重されない社会のほうがいいってこと？

　たしかに学校では、「**人権が守られる＝良いこと、人権が守られない＝悪**

いこと」、「**自由＝良いこと、不自由＝悪いこと**」と教わることが多いと思います。

しかし、実はそのような考えは正しくありません。**個人の自由や人権が完全に尊重されている社会よりも、ある程度制限される社会のほうが国民は幸せ**だといえます。

この表現は、はじめは突飛に聞こえるかもしれませんが、憲法の本質的な議論をしっかりと理解できれば、必ず納得できるはずです。そうすれば、なぜ私はBの社会が最もよいと考えたかもわかってもらえると思います。

というわけで、Part 1〜Part 3では、**「自由や人権がある程度制限される社会のほうが国民は幸せになれるのはなぜか」**というテーマを考えることにより、憲法のエッセンスの1つを学んでいくことにしましょう。

自由や人権が制限されるのに幸せなんて、ちょっと信じられないなぁ。早くその理由が知りたいよ！

その理由を知ることは憲法のエッセンスを理解することにつながります。そのためには、憲法の基礎知識を知っておくことが必要です。そこで、まずは憲法の基礎中の基礎から始めることにしましょう。Part 1が憲法のエッセンスを知るための基礎をマスターする「ホップ」、Part 2が憲法のエッセンスを知るための準備を完了させる「ステップ」、Part 3が実際にそれを知る「ジャンプ」のイメージです！

憲法の3つの特徴
——最高法規性、自由の基礎法、制限規範性

このPartでは、はじめに憲法の勉強の最も基礎的な土台となる「憲法の3つの特徴」を見ていきます。憲法の3つの特徴とは、①**最高法規性**、②**自由の基礎法**、③**制限規範性**のことを指します。

特徴①——最高法規性

◆最高法規性とは？

まずは憲法の特徴の1つ目として、「最高法規性」を勉強しましょう。

なお、以下では、「法律」といえば憲法は含まず、日本の国会で制定される各種の法律（民法、民事訴訟法、商法・会社法、刑法、刑事訴訟法など）を指すことにします。憲法について勉強する第一歩は、「憲法」と「法律」の関係を考えることから始まります。

では、憲法と法律の間にはどのような関係があるのでしょうか？　両者の関係は、憲法の次の条文に端的に表われています。

憲法第98条第1項

　この憲法は、国の最高法規であつて、その条規に反する法律、命令、詔勅及び国務に関するその他の行為の全部又は一部は、その効力を有しない。

この条文には、憲法は国の「最高法規」であると書いてありますが、これは、「法律よりも憲法のほうが大切」であることを意味しています。

さらにこの条文では、その帰結として、**国会が憲法に反する法律をつくったとしても、それは法律としての効力をもたない（無効である）**ということまで書かれています。このことを、憲法の**最高法規性**と呼びます。

◆法律が憲法に反する場合

そもそも法律が憲法に反する場合なんてあるの？

　1つ例を挙げましょう。昔の刑法には、「自分の尊属（自分より先の世代にあたる血族のこと。具体的には両親や祖父母など）を殺害した場合には死刑か無期懲役に処する」という内容の条文がありました（旧刑法第200条）❶。

　この条文は、尊属を殺害した場合にあまりに重い刑罰になり過ぎるとかねてより批判されていました。

　そして昭和48年、ついに最高裁判所は、旧刑法第200条は普通の殺人罪と比べて著しく差別的な取り扱いをするものであるとして、「法の下の平等」について定めた憲法第14条第1項に違反し、無効であると宣言しました（憲法に違反することを「**違憲**」、違反しないことを「**合憲**」といいます）。

国会はかつて刑法第200条をつくったんだけど、裁判所は、その規定は違憲で無効なものだと宣言したんだね。

　このように、憲法の最高法規性から、**憲法と法律の間には上下関係がある**ということができます。

　国会がつくった法律が憲法に違反していないかをチェックし、もし違反している場合には、その法律が無効であると判断する役割を担うのが裁判所です。裁判所のこの役割は「**違憲審査権**」と呼ばれています。これについては、Part 5で詳しく勉強していきます。

憲法の最高法規性を確保するために、裁判所には違憲審査権が与えられているんだ！

---

❶　旧刑法第200条（改正により削除）「自己又ハ配偶者ノ直系尊属ヲ殺シタル者ハ死刑又ハ無期懲役ニ処ス」

特徴②――自由の基礎法

　憲法が国家の法秩序のトップに立つ存在であることがわかったところで、次に、**憲法の最も基本となるコンセプト**を見ていきましょう。

　ここで、序章で勉強したことを思い出してください。広い意味での法律は、自然法則などとは区別される社会のルールの1つですから、それは「〜べき」という一定の価値観を基礎とするものでしたね。憲法も広い意味での法律の1つですから、一定の価値観をもっているはずです。

　では、憲法はどのような価値観（＝コンセプト）に基づいているのでしょうか？

　ここでのキーワードは、「自由」です。すなわち、**憲法は「国民は自由であるべき」**という価値観をその出発点としているのです。

「自由」って、漠然としていてわかりにくい言葉だね。具体的にはどういう意味？

自由の意味については Part 2 で詳しくお話ししますが、いまのところは、自由とは「**国家による干渉や権利の侵害を受けない状態**」のことを指すと考えておいてください。

つまり、強大な権力をもつ国家によって国民がいいたいことをいったり、やりたいことをやったりすることが妨げられていない状態、または、君主によって国民が不当な刑罰を受けない状態のことを、「自由」というのです。

近代国家においては、「個人の自由」というものが非常に重要視されるようになりました。それを受けて、「国民は自由であるべき」という価値観に基づき、国民の自由を保障するために近代憲法は制定されたのです。

このように、**憲法は国民一人ひとりの自由を守るために存在する**という意味において、**自由の基礎法**であるといわれています。これが2つ目の特徴です。

特徴③——制限規範性

◆制限規範性とは？

「**憲法は国民一人ひとりの自由を守るために存在する自由の基礎法である**」ということは、**憲法は国家権力に歯止めをかけるためのもの**ということを意味します。

> どうして「国民の自由」というのが、
> 国家権力に歯止めをかけるという話とつながるの？

では、順を追って説明していきましょう。

そもそも憲法が守ろうとしている自由とは、国家権力からの干渉や権利侵害を受けないことを意味するという話をしましたね。しかし歴史的には、国家権力は往々にして、国民の自由や権利に干渉してきました。

そのような状況では、国民が自由であるとは決していえません。そして、そのような国家の行為を許さないという点に、「自由の基礎法」としての憲法の意味があるのです。

そこで、国家にそのようなことをさせないために、**憲法は国家権力ができることに制約をかけている**のです。**憲法は国家権力を制限する規範**（ルー

ル）であることを、憲法の**制限規範性**と呼びます。

> 国が国民の自由や人権を侵害するようなことができないように、憲法は国家権力に歯止めをかけているんだ！

◆憲法の名宛人(なあてにん)は？

憲法は国家権力を制限する規範であるということは、**憲法は国家に向けて書かれたルールである**ということがいえます。このことを、**「憲法の名宛人は国家である」**というように表現します。

> 国家に向けられていないルールというものもあるの？

たとえば、刑法第199条は「人を殺した者は、死刑又は無期若しくは5年以上の懲役に処する」と定めています。これは、「人を殺してはいけない」というルールを、国民に対して定めたものです。

このように、法律は基本的に国民に向けて書かれていますので、法律の名宛人は国民であるといえます。

> 法律は国民に向けて書かれたルールで、憲法は国家に向けて書かれたルールだという違いがあるんだね！

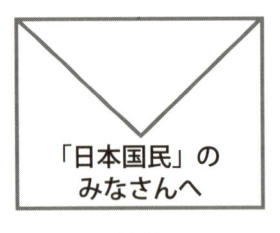

「日本国民」のみなさんへ　　　　「日本」さんへ

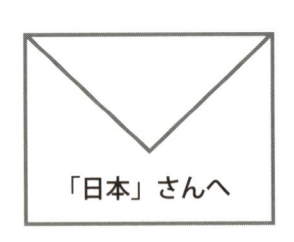

法律　　　　　　　　　　　　　憲法

> **まとめ**

●憲法には、①最高法規性、②自由の基礎法、③制限規範性という3つの特徴がある。

①最高法規性
憲法は国の最高法規であるから、国会が憲法に反する法律をつくったとしてもその法律は無効である。

②自由の基礎法
憲法は「国民は自由であるべき」という価値観をその出発点とし、国民一人ひとりの「自由」を守るために存在する。

③制限規範性
憲法は自由の基礎法としての役割を果たすため、国家権力を制限する規範（ルール）として働く。

その3
人権と統治
──憲法の構造を知ろう

> **憲法の構造**

　Part 1 の最後に、日本国憲法の大まかな構造を説明したいと思います。ざっくりいうと、憲法は国民の「**人権**」に関する部分と、「**統治機構**」（以下では省略して「統治」と呼びます）について規定した部分とに分けられます。

　以下で説明するように、人権と統治はワンセットになってはじめて憲法が憲法として機能します。ここでは、人権と統治とはそれぞれどのようなものかを説明していきます。

　人権の部分では、**国民にはどんな人権が保障されていて、そのために国家は何をするべきか、何をしてはいけないか**が書かれています。

　統治の部分では、**三権分立という大原則を中心として、国の政治のあり方**を規定しています。人権と統治には以下のような条文があります。

〈人権規定の例〉
- ●第18条　何人も、いかなる奴隷的拘束も受けない。又、犯罪に因る処罰の場合を除いては、その意に反する苦役に服させられない。
- ●第19条　思想及び良心の自由は、これを侵してはならない。
- ●第20条　第1項　信教の自由は、何人に対してもこれを保障する。いかなる宗教団体も、国から特権を受け、又は政治上の権力を行使してはならない。
　　　　　　第2項　何人も、宗教上の行為、祝典、儀式又は行事に参加することを強制されない。
　　　　　　第3項　国及びその機関は、宗教教育その他いかなる宗教的活動もしてはならない。

> <統治規定の例>
> - ●第41条　国会は、国権の最高機関であつて、国の唯一の立法機関である。
> - ●第66条　第1項　内閣は、法律の定めるところにより、その首長たる内閣総理大臣及びその他の国務大臣でこれを組織する。
> 　　　　　　第2項　内閣総理大臣その他の国務大臣は、文民でなければならない。
> 　　　　　　第3項　内閣は、行政権の行使について、国会に対し連帯して責任を負ふ。
> - ●第81条　最高裁判所は、一切の法律、命令、規則又は処分が憲法に適合するかしないかを決定する権限を有する終審裁判所である。

> それぞれの規定を見ると、人権と統治では、定めていることが全然違うことがわかるね。

　そうですね。しかし実は、**人権と統治は互いに無関係ではなく、最終的には共通の目標を目指しています**。具体的にいうと、**人権と統治とは、「目的」と「手段」の関係にある**といえます。次に、この点について説明していきましょう。

目的と手段の関係

　まず、人権と統治に共通する最終目標とは何かです。これについては、実はすでに勉強しています。ポチくん、憲法は何のために存在するのかという説明を覚えていますか？

> もちろん！　憲法は「自由の基礎法」と呼ばれていて国民一人ひとりの「自由」を守るために存在するんだよね。

　正確に理解していますね。そして、憲法の存在意義である**「国民の自由を守る」**というコンセプトは、人権と統治に共通する**「最終目標」**でもあるんです。

> 統治も「国民の自由を守る」ということを目標にしているの？　統治には政治についてのことが書かれていて、国民の自由とはあまり関係がないように見えるんだけど……。

　たしかに、統治の部分は一見、国民の自由とは無関係に思えるかもしれませんが、人権の部分で明言された国民の自由や権利を実現するための具体的な仕組みを規定し、その「手段」としての役割を果たしています。
　これは、**人権としていくら国民の自由や権利が書かれていても、それだけでは実際に自由や権利を守ることはできない**ことを意味しています。

> え？？？　自由と権利を守るためには、人権規定だけでは不十分なの？

　そうなんです。たとえば、明らかに国民の自由を侵害する法律が国会によって可決されたとしましょう。
　このような場合でも、もし憲法に統治規定がなければ、国会や政府が裁判官に対して「この法律を違憲といったらお前をクビにするぞ」などと圧力をかけることができてしまいます。すると、本当は違憲の法律も裁判では合憲とされてしまう可能性があります。これでは、いくら人権規定があっても国民の自由と権利は実際には守られません。
　このように、国家機関が正しく機能していない場合には、人権規定が実際には意味をもちません。そこで、**国家機関を正しく機能させるために統治規定が必要になる**というわけです。

> 現実に国民の自由や権利が守られるためには、人権を実現するための政治のあり方（統治）についてもしっかりと規定しておく必要があるということだね。

　そうですね。憲法の規定のうち、**人権に関する部分は自由の基礎法というコンセプトを具体化し、憲法の「目的」を明示する役割**を果たします。一方、

統治に関する部分は、その目的を達成するための「手段」の役割を果たしているといえます。

さあ、これで「人権がある程度制限される社会のほうが国民は幸せ」という言葉の意味を探る「ホップ」の段階は終わりました。次のPart 2では、人権というものをもっと掘り下げて考えていくことにより、この言葉の意味を理解するための準備を完了させましょう！

> **まとめ**
>
> - 憲法は「人権」に関する部分と「統治」について規定した部分とに分けられる。
> - 「人権」には、憲法が国民に保障する自由や人権が具体的に列挙されていて、これが憲法の「目的」にあたる。
> - 「統治」には、国民の人権を守るための「手段」として、国の政治のあり方が規定されている。

Part 2

人権は誰かにもらうもの？
【憲法上の人権の性質と種類】

その1

憲法上の人権は
生まれながらの権利？

> **はじめに――答えのわかりきっている質問？**

　Part 1では、「個人の人権が完全に尊重されている社会よりも、ある程度制限される社会のほうが国民は幸せ」といいました。この言葉の意味を理解するために、このPartでは「人権」とはどんなものかをもっと深く考えていきたいと思います。

　なお、これ以降は、「表現の自由」など日本国憲法の人権規定の部分に書かれている権利のことを指して、**「憲法上の人権」**と呼ぶことにします。以下では、この「憲法上の人権」について考えていくことにしましょう。

　まずポチくんに考えてもらいたいのは、**「憲法上の人権は人間が誰でも生まれながらにしてもっている権利といえるか？」**という問いです。

> 何だか、答えがわかりきった質問だね。憲法上の人権は人としてとても大切で基本的な権利だから、もちろん人間が誰でも生まれながらにしてもっている権利だと思うよ。

　たしかに、そのような考え方も十分成り立ちます。しかし、実はこの点について、2つの考え方の対立があり、当然にどちらが正しいということはできません。つまり、どちらが正しいかをよく考えて答えを導く必要があるのです。

> えっ？　いま僕がいった意見とは違う考え方もあるの？

この点については、以下の（A説）と（B説）の考え方の対立があります。

> （A説）憲法上の人権は「人間が誰でも生まれながらにしてもっている権利」であると考える。
> （B説）憲法上の人権は「国家が国民に与えた権利」であると考える。

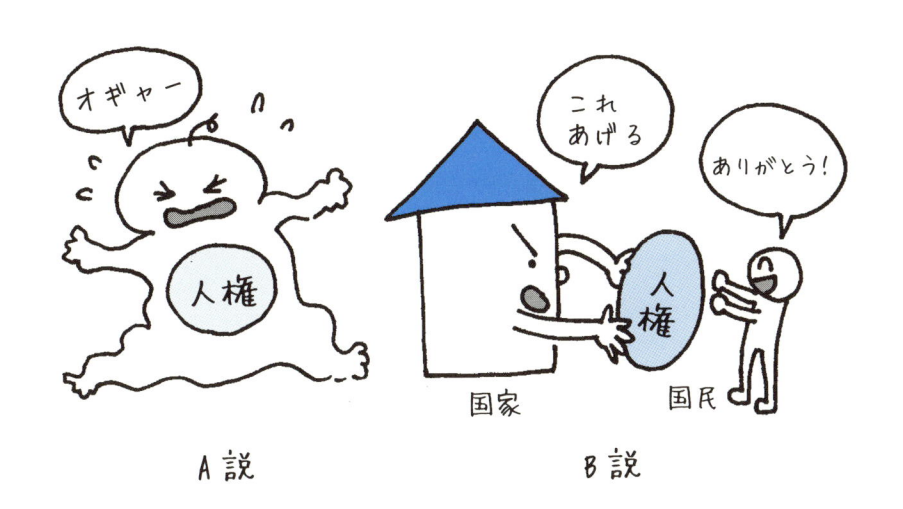

A説　　　　　　　　B説

憲法上の人権は国から与えられたもの？

ポチくんは先ほどA説にあてはまる意見をいってくれましたね。そこでまず、本当にA説のほうが正しいといえるのかを考えてみることにしましょう。①第一に憲法の条文を手がかりに、②第二に憲法の歴史を手がかりに考えていくことにします。

◆①憲法の条文を手がかりに考えてみよう

ではまず、①憲法の条文を見てみましょう。

> **憲法第11条**
> 国民は、すべての基本的人権の享有を妨げられない。この憲法が国民に保障する基本的人権は、侵すことのできない永久の権利として、現在及び将来の国民に与へられる。

この条文の後半の1文に注目してください。この1文の骨格だけを抜き出すと、「この憲法が国民に保障する基本的人権は（中略）国民に与へられる。」となりますね。
　この表現は、「憲法上の人権は人間が生まれながらにしてもっているものではなく、誰かに与えられるものである」という考え方を前提にしているといえます。このことからすると、憲法第11条はB説を採用しているとも考えることができます。

> あれ、本当だ！　この条文を見ると、A説ではなくB説が正しいということになりそうだね。

◆②憲法の歴史を手がかりに考えてみよう

　次に、②憲法の歴史を見ていきましょう。具体的には、日本国憲法ができる前のわが国の憲法であった明治憲法（大日本帝国憲法）❷がそのヒントになります。

> 明治憲法ではどのように考えられていたの？

　明治憲法においては、憲法上の権利は「臣民権」と呼ばれていました。そして、臣民権は「天皇が臣民（日本国民）に恩恵的に与えたもの」であるとされていました。
　つまり、明治憲法における憲法上の権利は、「国家によって与えられた権利」であったといえます。これは、B説の考え方ですね。
　したがって、もし日本国憲法における憲法上の人権も明治憲法における臣民権と同じ性質をもったものだとすれば、B説が正しいということになるのです。

---

❷ 明治憲法は、1889年（明治22年）に発布された、わが国ではじめての近代的な憲法です。天皇が制定し、国民に授けた憲法であるとされました。

「人間が生まれながらにもっている権利」が正解！

◆A説が正解

> ①憲法第11条の条文と②明治憲法を参考にすると、B説が正しいという風にいえそうだね。はじめの僕の答えは間違っていたのか……。

そんなに落ち込むことはありませんよ。ここまではB説が正しいといえそうだということをお話してきましたが、結論をいうと、はじめにポチくんが答えてくれたようにA説のほうが正解です。つまり、日本国憲法における憲法上の人権は、「人間が誰でも生まれながらにしてもっている権利」なのです。

> え、そうなの？　さっき話を聞いていたら、絶対にB説のほうが正しい気がしていたのに……。どうしてA説が正解なんてことがいえるの？

では、先ほど紹介した2つの手がかりに沿って、結論としてはA説が正解である理由を解説していきましょう。

◆①憲法の条文を手がかりに考えてみよう

まずは憲法第11条の条文についてです。この条文を、もう一度よく読んでみてください。

憲法第11条

国民は、すべての基本的人権の享有を妨げられない。この憲法が国民に保障する基本的人権は、侵すことのできない永久の権利として、現在及び将来の国民に与へられる。

条文のはじめに、「国民は、すべての基本的人権の享有を妨げられない。」

とありますね。「享有」という言葉を『広辞苑』で調べてみると、「権利・能力などの無形のものを、生まれながらに身に受けて持っていること」とあります。

つまりこの部分は、**国民は憲法上の人権を生まれながらにしてもっている**ということを意味していることになります。これはいうまでもなく、A説の考え方ですね。

> 本当だ！「享有」という言葉の意味に着目すると、A説の考え方が正しいといえそうだね。

また、後半には「侵すことのできない永久の権利」という言葉があることに注目してください。「人権は国から与えられた」とするB説に立てば、人権が与えられるかどうかは国の判断にかかっていることになるので、国は人権を与えなかったり、一度与えた人権を取り戻したりすることができてしまいます。すると、人権は「侵すことのできない永久の権利」とはいえません。したがって、この部分はB説ではなくA説の根拠になると考えられます。

> あれ、さっきは憲法第11条はB説の根拠になると思っていたけど、読み方によってはA説の根拠にもなるんだね。

そうなんです。以上のことから、**憲法第11条はA説の根拠にもなり得るし、B説の根拠にもなり得る**ということがわかります。このことから、この問題は憲法第11条の条文を読んだだけで決着がつく問題ではないということがいえます。そこで、2つ目の手がかりである②憲法の歴史（明治憲法）が重要な意味をもってきます。

◆ **②憲法の歴史を手がかりに考えてみよう**

先ほどB説について説明するときに、明治憲法における憲法上の権利（臣民権）は「天皇によって与えられた権利」であったというお話をしましたね。

しかしここで注意しなくてはいけないのは、**「憲法上の権利は天皇によって国民に与えられる」**という考えは、**「天皇が認める範囲でのみ国民の権利**

が守られる」という主張につながりやすいということです。

　たとえば、明治憲法においても言論の自由（表現の自由）は保障されていましたが、皇室の尊厳を害する言論は保障の範囲から外れていました。また、国家の非常事態には、天皇が国民の権利を一時的に停止することが認められていました。

> 憲法上の権利が天皇によって与えられたと考えると、天皇にとって都合のいい部分だけが認められることになりかねないんだね。

　また、明治憲法の臣民権には原則として**法律の留保**がついていました。**法律の留保とは、法律の定めるところによらなければその権利を侵されない**という規定です。
　「法律の定めるところによらなければその権利を侵されない」とは、**法律をつくれば憲法上の権利を侵してもよいということを意味すると解釈される危険性があります。**
　したがって、**明治憲法における臣民権は、国が法律をつくることによって簡単に侵害されてしまうおそれのある**ものだったのです。

> いくら憲法で権利を認めても、法律をつくるだけでそれを無視できてしまうのでは、意味がないね。

　このように、「憲法上の権利は国家によって与えられる」と考えると、「国家が必要とするときにはその権利を侵害することができる」という考え方につながってしまいます。

> 明治憲法を見てもわかるように、B説のように考えると、せっかく憲法で保障した権利が意味をなくしてしまうことになりかねないんだ。A説だったらどうなるの？

A説のように、「憲法上の人権は人が生まれながらにしてもつ権利である」と考えれば、憲法上の人権を国家が都合のいいように制限したり、取り去ってしまうことはできません。

　したがって、A説のほうが、国民の自由や権利を守るという憲法の目的に合致するものといえます。そこで現在では、**憲法上の人権は人が生まれながらにしてもつ権利である**と考えられているのです。

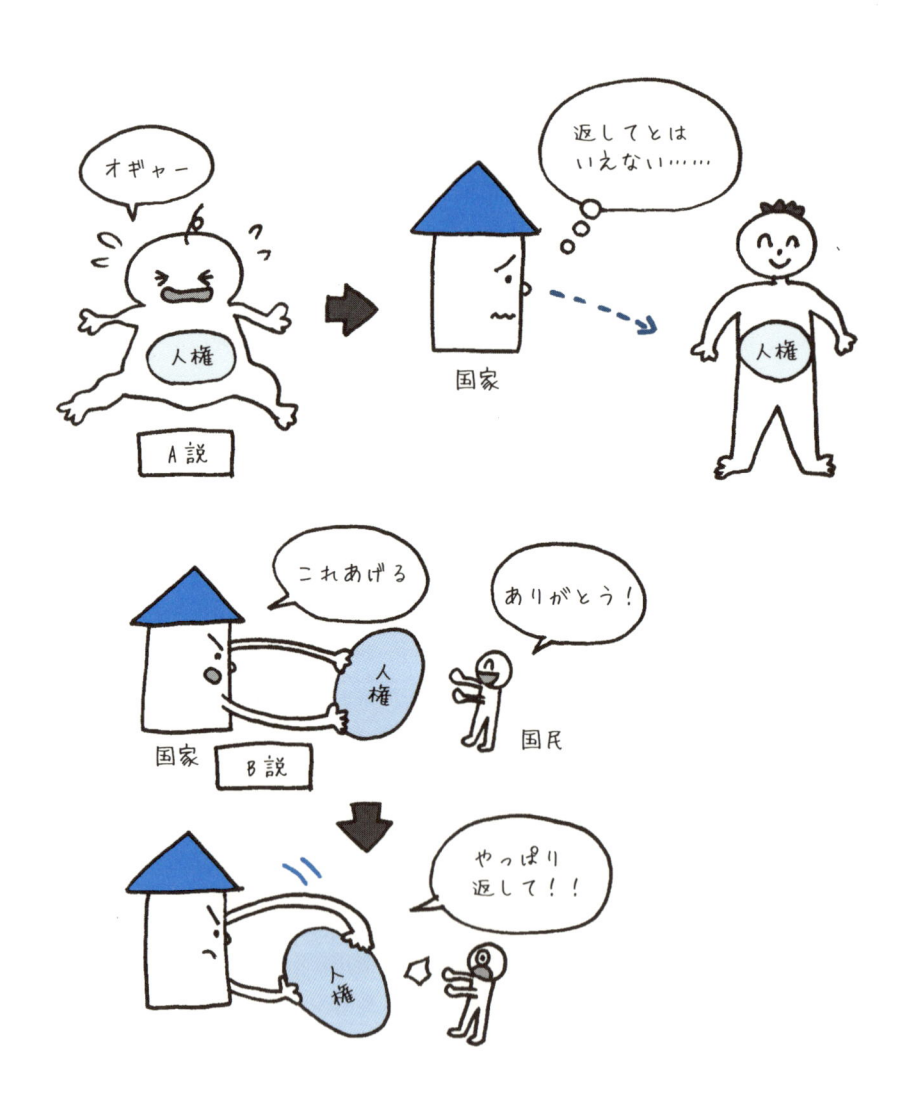

> なるほど、これでA説が正解とされている理由がわかったよ！

　以上の議論では、B説のように考えると国家の都合で憲法上の人権を侵害することができてしまうという点が重要でしたね。人権の問題を考える際には、**「国家が国民の人権を不当に侵害してはならない」という視点**を常にもっておくことが重要です。この視点はPart 3の話にもつながるので、しっかりと意識しておいてください。

まとめ

- 憲法上の人権については、「人間が誰でも生まれながらにしてもっている権利」であると考える見解（A説）と、「国家が国民に与えた権利」であると考える見解（B説）との対立がある。
- A説のように考えれば、憲法上の人権を国家が都合のいいように制限したり、取り去ってしまうことはできないから、国民の自由や権利を守るという人権の目的に合致する。そこで現在では、A説の考え方が採用されている。

その2
人権の種類
──①自由権、②参政権、③社会権

人権の３つの種類

次に、憲法にはさまざまな権利が書かれていますが、大まかにいって**人権**にはどのような種類があるのかをご紹介したいと思います。

人権を「国民のどのような自由と権利を保護したものか」という観点から分類すると、①**自由権**、②**参政権**、③**社会権**の３つに分けることができます。

この分類を切り口にして、人権とは具体的にどのようなものを指すのかを見ていきましょう。

自由権（国家からの自由）とは？

①**自由権**とは、**国家が国民の個人的な領域に権力的に介入することを排除して、個人の自由な意思決定と活動とを保障する権利**をいいます。これは、国家からの介入を排除するための権利という意味で、「**国家からの自由**」と呼ばれます。

「国家からの介入を排除する」って、どういうこと？

日本国憲法に挙げられているものを例にとると、信教の自由、結社の自由、表現の自由、職業選択の自由などが、自由権にあたります。

たとえば、Ａさんは仏教を信仰していたのに、ある日突然、政府が「キリスト教を国教とし、キリスト教以外の宗教を信じている者は無期懲役とする」という法律を制定したとしましょう。

Ａさんがどんな宗教を信仰するかは「国民の個人的な領域」です。よって、その領域に国家権力が介入することを許してしまうような上記の法律は、自由権の１つである信教の自由に違反することになります。

このようにして、「仏教を信仰する」という、Ａさんの自由な意思決定と権利が守られるのです。

> 国に何かを押しつけられたり禁止されたりすることなく、国民が自由に何でもできる権利ってことだね。

Part 1で説明した、**制限規範性**という言葉を思い出してください。憲法は、ともすると自分勝手に濫用されがちな国家権力を制限し、歯止めをかけることによって、国民の自由や権利を守るための法でした。そして、国家権力を制限するためには、国家の国民に対する介入は最小限にとどめることが必要となります。

このように、**憲法の最大の目的は国家権力を制限することにあり、そのためにまず必要になるのが自由権**なのです。その意味で、**自由権は今日の人権概念の原点**となるものだといえます。

参政権（国家への自由）とは？

②**参政権**とは、**国民が国政に参加する権利**をいいます。自由権は国家から国民への働きかけ（介入）を制限するものでしたが、参政権は**国民から国家への働きかけを保障する権利**なので、「**国家への自由**」とも呼ばれます。

「国家への自由」、すなわち国民の自由権を確保しようと思っても、国民の意見が国の政治にまったく反映されなければ、それが実現されることはむずかしいといえるでしょう。そこで、**自由権を現実に確保するためには参政権が必要となる**のです。

参政権の例としては、選挙権や被選挙権が挙げられます。

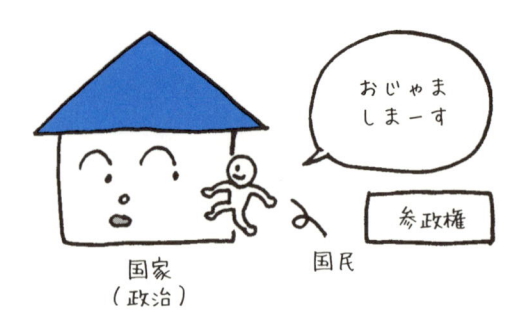

社会権（国家による自由）とは？

以上のように、人権とはそもそも国家権力を制限するためのものでした。

18世紀頃の古典的な憲法においては、人権といえば国家権力を制限するための自由権（とそれを実現するための参政権）のことを指すものだったのです。

さらに、20世紀に入り、**資本主義の高度化にともなって生じた失業・貧困・労働条件の悪化などの弊害**が深刻な問題となったという状況を背景に、③社会権という人権が登場しました。

> 社会権は、自由権や参政権に比べて新しい人権なんだね！

社会権とは、**社会的・経済的弱者が人間に値する生活を営むことができるように、国家の積極的な配慮を求める権利**をいいます。国家による保護によって、社会的・経済的に弱い立場にいる人でも人間としての最低限度の生活を営むことができるようになるという意味で、「**国家による自由**」と呼ばれます。

もちろん、日本国憲法でも社会権は規定されています。その代表は「すべて国民は、健康で文化的な最低限度の生活を営む権利を有する。」とする第25条の生存権の規定です。

> 自由権は国に「〜するな！」というのに対して、社会権は国に「〜しなさい！」というのか……。その意味では、自由権と社会権は正反対の性質をもったものなんだね。

まとめ

●人権を分類すると、以下の３つに大別される。
　①国家権力の介入を排除する自由権（国家からの自由）
　②国民が国政に参加するための参政権（国家への自由）
　③社会的・経済的弱者の保護のために国家の積極的な配慮を求める社会権（国家による自由）

その3

人権の享有主体性
――外国人に人権はあるか？

人権の享有主体性とは？

　このPartの最後に、「人権の享有主体性」、特に外国人の人権享有主体性の問題を簡単に紹介します。これは、「憲法上の人権は人が生まれながらにしてもつ権利である」と考えた場合に、どうしても避けて通ることのできない問題です。

> 「人権の享有主体性」っていうのも、むずかしい言葉だね。これはどういう意味？

　では、この言葉を分解して説明しましょう。「享有」という言葉は先ほども出てきましたが、権利・能力などを生まれながらにもっていることをいいましたね。**人権の享有主体性**とは、**憲法上の"人権"を"享有"する"主体"となれるのは誰か**という問題です。

> 憲法上の人権って、人が生まれながらにしてもつ権利なんでしょ？　人権をもてない人なんているの？

　たとえば、外国人が憲法上の人権をもっているかについては、議論が分かれています。これが、**外国人の享有主体性**という問題です。たしかに、憲法上の人権は人が生まれながらにしてもつ権利であることを強調すれば、外国人も当然、これをもっているとも考えられます。

　しかし日本国憲法は、第3章で「国民の権利及び義務」というタイトルをつけ、文言上は「国民」だけが人権をもっているように見えます。

　また、たとえば日本に外国からたくさんの外国人がやってきて、社会権を

主張して生活保護を求めたり、参政権を主張して選挙に参加したりしたら、大変なことになります。

> 大変なことって？

第一に、**社会権の保障にともなう財政的な問題**が挙げられます。日本政府が外国人にまで生活保護を受けさせることになれば、日本人の生活保護のために必要なお金がなくなってしまうことも考えられます（外国人の社会権を保障するために、日本人の社会権がおろそかになってしまうのです）。

第二に、**参政権の保障にともなう政治的な問題**も挙げられます。外国人に選挙権を認めれば、国民主権という近代国家の大原則が脅かされ、日本という国にとって不利な（外国にとって有利な）政治をする政治家が当選してしまうかもしれません。

> たしかに、外国人にも憲法上の人権を認めると、さまざまな問題が出てきてしまいそうだね。

とはいえ、外国人の人権をまったく無視するわけにもいきません。たとえば、いくら外国人だからといって、日本政府が外国人を奴隷のように働かせれば当然、憲法違反となります。

そこで一般的には、**外国人にも憲法上の人権規定が適用されるが、その人権の性質によって、外国人に適用されるものとそうでないものとがある**と考えられています。

例を挙げると、身体の自由や信教の自由は外国人にも認められますが、先ほど挙げた社会権や参政権は、外国人には原則として認められないとされています。

> なるほど、よくわかったよ！　でも、人権について勉強すればするほど、人権が100％守られている社会のほうがいいように思えてきたよ。

そのように感じてくれれば、私の思うツボですね（笑）。Part 3を読めば、いまのポチくんの意見は180度ひっくり返ると思います。それでは、Part 3で憲法（特に人権の分野）のエッセンスに迫っていきましょう！

> **まとめ**
> - 人権の享有主体性とは、憲法上の人権を享有する主体となれるのは誰かという問題をいう。
> - 外国人が当然にすべての憲法上の人権をもっているとすると、社会権の保障にともなう財政的な問題や、参政権の保障にともなう政治的な問題が生じる。
> - 一般的には、憲法上の人権の性質によって、外国人に適用されるものとそうでないものとがあると考えられている。

Part 3

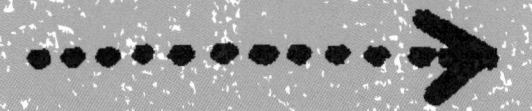

「私の自由」と「みんなの幸せ」
【自由と人権の限界】

その1
人権には限界がある

「100%自由な社会」では人も殺せる？

　さあ、いよいよ「ジャンプ」の段階までたどり着きましたね。このPartではまず、Part 1で紹介した「個人の人権がある程度制限される社会のほうが国民は幸せ」ということの意味を勉強していきましょう。

> それが知りたかったんだ！これはどういう意味なの？

　この言葉の意味は、人権とは制約のない絶対的な権利ではなく、一定の限界があるということです。

> 人権に限界があるということは、国は国民の人権を侵害してもいいってこと？ でもそれじゃあとても息苦しい社会になってしまわない？

　人権に限界があるということは、国家が国民の自由や人権を制限することが認められる場合もあるということを意味しています。もちろん、これが行き過ぎればポチくんの心配しているような事態になりかねないため、注意しなくてはなりません。
　しかし一方で、国民一人ひとりが100%自由である社会は決して望ましいものではないのです。日本国憲法についての話をする前に、「100%自由な社会」とはどういうものかのイメージをもつため、次の【空想のケース】を読んでみてください。

【空想のケース】
　AとBは、誰からも拘束されない自由な場所に行きたいと日頃から語り合っていた。
　ある日二人は公園で宇宙人に出会った。その宇宙人によると、1日だけ「100％自由な社会」に連れて行ってくれるという。二人はこれで本当に自由な場所に行くことができると喜び、宇宙人についていった。二人がその世界に着くと、以前からBのことを恨んでいたAは、Bをピストルで撃って殺してしまった。

> 何だか突拍子もない話が出てきて、法律の話とは思えないんだけど……。

　法律の入門書なのに宇宙人が出てくるなんてちょっと変な感じもしますが、そこはどうか目をつむってください。ここで私がいいたいのは、憲法の世界で「自由」という言葉は、漠然と「何でもしていいよ」とか「幸せで楽しい」という状態を指すものではないということです。

　Part 2で勉強したとおり、ここでの「自由」は自由権における「自由」と同じ意味で、国家が国民に介入しない状態を指します。つまり、**100％自由であるとは、国家が国民の行動にまったく介入しない**ということです。

＜１００％自由な世界＞

国家の役割は、税金を取ったり犯罪者を処罰したりするなど、国民を法律で規律することにより国の秩序を維持することにあります。とすると、**国家が国民の行動にまったく介入していない社会では、国家が存在する意味はありません**。すなわち、**国家の否定ということにつながる**のです。

> 国家の否定？　国がない世界なんてあり得るの？

　これはあくまで理念上の話ですが、もし国家が否定されれば当然法律もないわけですから、人を殺しても処罰されることはありません。したがって、その世界ではいつ誰が襲ってくるかがわかりませんから、人々は、自分の身は自分で守らなければならないことになります。このような状況では、安心して社会生活を送ることはできませんね。

　こうした社会では、**力の強い者が弱い者を支配することが可能になってしまう**のです。これはまさに、弱肉強食の社会です。その意味で、**100％自由な社会は、むしろとても「不自由な」社会でもある**ということがいえます。

> 国家によって自由がある程度制限されているからこそ、僕たちは隣の人から攻撃されることを心配せずに、安心して生活できるってことだね！

100％自由でないからこそ、みんなが幸せ

> たしかに、「人を殺す自由」まで認めることはできないね。でも、憲法上の人権くらいは100％認めてもいいんじゃない？　たとえば、表現の自由であれば、問題ないように思うんだけど……。

　ちょうど「表現の自由」の話が出てきたので、これを例に考えてみましょう。**表現の自由とは、心のなかのあらゆることを誰かに伝える自由**のことをいいます。国民の表現の自由を100％認めると、何が起こるでしょうか？

次の【ケース】を考えてみましょう。

> 【ケース】
> 1　Aは政府を批判するデモ行進をB県の中心地で行ない、そのせいで県内交通の主要箇所が一時的にストップし、大きな経済的損失が生じた。無許可でのデモ行進を禁止するB県の条例を根拠に警察官がAを逮捕しようとすると、Aはそのような条例は表現の自由に違反すると主張した。
>
> 2　雑誌記者Cは、国会議員Dが不倫をしているという噂を聞いて、それ以上取材を重ねることなく、噂の内容をそのまま雑誌に掲載した。後日、Cは名誉毀損罪（刑法第230条第1項）で起訴され、有罪判決が下された。Cはこの判決は表現の自由に違反すると主張した。

ポチくんは、AやCの主張は認められるべきであると思いますか？

> 【ケース1】では、デモによって周りの人たちに迷惑をかけているから、Aの主張は認められないと思うよ。【ケース2】も、噂を勝手に信じて記事にされたら、Dとしてはたまらないよね。だから、Cの主張も認められないんじゃない？

とてもよいポイントに気がついていますね。たしかにAやCのしていることは表現の自由の行使にあたりますので、一定の限度で憲法第21条第1項によって保護されるべきです。

しかし、それを無制限に認めてしまうと、迷惑を被る人が出てきます。

これらの【ケース】からわかることは、**ある個人の人権を100％認める（無制限に認める）と他人の権利が侵害されてしまう**ということです。

したがって、国家としては、個人の人権を必要最小限に制限することによって、その他の国民の権利を守ることが必要です。

以上より、**個人の人権が100％守られるわけではなく、それに制限がついているからこそ、社会のみんなが幸せに暮らすことができる**ということが

わかります。このことが、「個人の人権がある程度制限される社会のほうが国民は幸せ」ということの意味なのです。

このように、**自由や人権には限界がある**ということを、まずは押さえておいてください。

> Part1からの疑問がこれでやっと解決したよ！
> スッキリした〜。

> **まとめ**
> ●個人の人権を100％認めると他人の権利が侵害されてしまうので、国家は、個人の人権を必要最小限に制限することによって、その他の国民の権利を守る必要がある。
> ●個人の人権には制限がついているからこそ、社会のみんなが幸せに暮らすことができる。これが、「個人の人権がある程度制限される社会のほうが国民は幸せ」という言葉の意味である。

その2
公共の福祉
——「みんなの幸せ」のために我慢しよう！

人権を制限する根拠——「みんなの幸せ」による制限

　他人の権利を守るために個人の人権はある程度制約されるという考え方は、憲法では「**公共の福祉**」という言葉で表現されています。

　公共とは、「おおやけの」とか、「みんなの」といった意味です。**福祉**とは、「幸せ」の意味です。そこで、「公共の福祉」とは、**みんなの幸せ**を意味します。

　日本国憲法で「公共の福祉」という言葉が用いられる条文のうち、重要なものは次の3つです。

憲法第13条後段
　生命、自由及び幸福追求に対する国民の権利については、公共の福祉に反しない限り、立法その他の国政の上で、最大の尊重を必要とする。

憲法第22条第1項
　何人も、公共の福祉に反しない限り、居住、移転及び職業選択の自由を有する。

憲法第29条第2項
　財産権の内容は、公共の福祉に適合するやうに、法律でこれを定める。

　それぞれの条文の「公共の福祉」という言葉を、「みんなの幸せ」に替えてみると、各条文の意味はだいたい次のようになります。

【憲法第13条後段】
　国民は、**「みんなの幸せ」に反しない限り**、自分の幸せを追い求めることができる。

【憲法第22条第1項】
　誰でも、「みんなの幸せ」に反しない限り、好きな所に住み、好きな所に移動し、好きなことを職業とすることができる。

【憲法第29条第2項】
　国民の財産は、「みんなの幸せ」のために、法律によってある程度制限される。

公共の福祉論
◆人権は公共の福祉によって制限される
　人権規定のすべての条文に「公共の福祉」という言葉が明記されているわけではありませんが、一般には、すべての人権は公共の福祉による制限を受けると考えられています。

　つまり、Part 2では憲法上の人権は人が生まれながらにしてもっている権利であるといいましたが、これに公共の福祉の考え方をつけ加えて、人は生まれながらにして「公共の福祉による制限を受ける人権」をもっていると考えるのです。

　公共の福祉とは、人権と人権が衝突した場合に、両者の人権の公平を図るための調整役という役割を果たしています。

わかりやすくいうと、ある一人の人だけが幸せになって周りの人が不幸になるなどということがないように、**一方の人権を必要最小な範囲で制限する**ことをいいます。

個人の人権は最大限保障されなくてはならないのですが、「みんなの幸せ」のために、公共の福祉という調整役が個人の人権に一定の限度でストップをかけているイメージです。

◆「公共の福祉」が国に利用されることがある

> 個人の自由や人権は、他の人に迷惑をかけない限度で認められるってことだね。何だか当たり前のことのような気もするけど……。

たしかに、これだけ聞くと当然のことのようにも思えますね。しかし、公共の福祉という言葉には、私たち国民は細心の注意を払う必要があります。なぜなら、個人の人権が公共の福祉によって制限され得ることを逆からいうと、**国家は公共の福祉を根拠にすれば、国民の人権を好きなように制限することができる**という結論につながりかねないからです。

つまり、国家は「公共の福祉」という聞こえのよい言葉を表向きの理由として、本当は政府に都合のいいように国民の人権を侵害できてしまいかねないのです。

> 国が「公共の福祉」を利用して政府の都合のいいような人権を侵害できてしまうんだね……。

したがって、いくら公共の福祉とはいっても、人権の制限が認められるのはあくまで「一定の限度」であって、**その限度を超えると、国家の行為は人権侵害として憲法に違反する**ことになるのです（公共の福祉の限度を超える範囲で国民の人権を制約する法律は、違憲なものとなり無効です）。

(国家)「グイッ」
(人権)「OK！」「しかたないか」

(国家)「これは公共の福祉だよ」
憲法違反！！
(人権)「やり過ぎだ！！」

　そして、ここで憲法のエッセンスの1つが出てきます。これは特に、人権の分野のエッセンスといえるものです。

　人権の分野では、国民の立場に立つと、**憲法で保障される個人の自由や人権はどこまで貫徹されるか**が問題となります。

　他方で、国家の立場に立つと、**公共の福祉を根拠とする国民の自由や人権に対する制約はどこまで許されるか**が問題となっているといえます。

　そして、以上の問題は表と裏の関係にあり、結局は、そのラインをどこに引くかが問題となります。この、**「公共の福祉を根拠とする国民の自由や人権に対する制約はどこまで許されるか」**という線引きが、人権の問題のエッセンスです。

> 人権の分野では、国家による自由や権利の制約が「公共の福祉による制限」の範囲を超えて違憲とならないかが議論されるんだね！

国家

どこまでOK…？

人権

> **まとめ**
>
> ● 個人の自由や人権は、「公共の福祉」（みんなの幸せ）のために国家によってある程度制約される。
> ● 「公共の福祉」という考え方は、国家はそれを根拠にすれば国民の人権を好きなように制限することができるという結論につながりかねないので、注意が必要である。
> ● 人権の問題のエッセンスは、「公共の福祉を根拠とする国民の自由や人権に対する制約はどこまで許されるか」という線引きにある。

第1部 Part ❸ 「私の自由」と「みんなの幸せ」【自由と人権の限界】

その3
二重の基準論
——違憲審査のしかた

二重の基準論の意味——精神的自由権は厳しく審査される

　では、国家による自由や権利の制約が公共の福祉による制限の範囲を超えて違憲とならないかは、実際にどのような場面で問題になるのでしょうか？　次の【ケース】を見てください。

【ケース】
1　国会により、「性的な表現を含むために青少年に有害な漫画」のコンビニエンスストアでの販売を禁止する法律が制定された。
2　国会により、小学校から半径100m以内にパチンコ店を新しく開くことを禁止する法律が制定された。

　【ケース1】では、この法律が憲法第21条第1項の表現の自由に違反しないかが問題となります。
　【ケース2】では、この法律が憲法第22条第1項の「営業の自由」に違反しないかが問題となります（営業の自由とは、営業活動をして利益を上げる自由のことをいい、これは憲法第22条第1項の定める「職業選択の自由」の1つとして認められています）。

> でも、憲法の条文と法律の内容を見ているだけでは、【ケース】にあるような法律が違憲かどうかはまったく見当がつかないよ。具体的にはどうやって判断されるの？

　国会により制定された法律が違憲かどうかを裁判所が審査する際にはさまざまな事情が考慮されるので、そのすべてをここで詳しく説明することはで

きません。

ここでは、法律などが違憲かどうかを審査する際の手がかりとなる、「**二重の基準論**」と呼ばれる考え方をご紹介します。

●**二重の基準論**

二重の基準論とは、問題となっている権利の性質ごとに、「違憲かどうかをどれくらい厳しい目で審査するか」を変えるべきであるとする考え方である。

具体的には、法律などが「精神的自由権」を制約している場合には、違憲かどうかを厳しい目で審査するため、違憲と判断されやすい。

法律などが「経済的自由権」を制約している場合には、違憲かどうかを比較的緩やかな目で審査するため、合憲と判断されやすい。

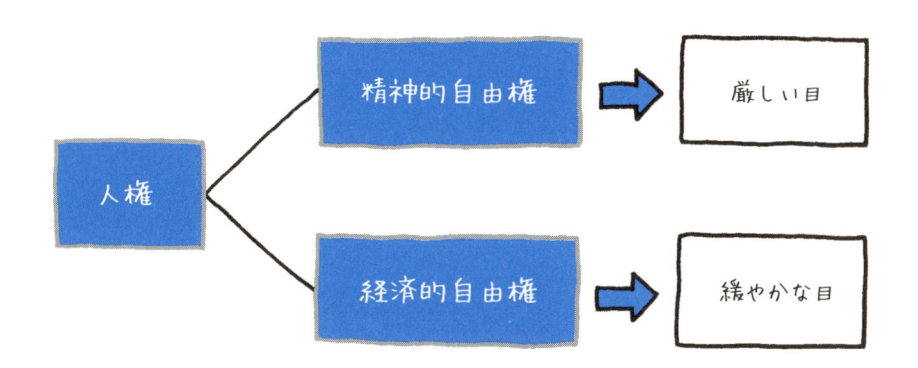

人権 → 精神的自由権 → 厳しい目
人権 → 経済的自由権 → 緩やかな目

> 精神的自由権や経済的自由権って
> はじめて聞く言葉だけど、どういう意味なの？

精神的自由権とは、人間の精神活動に関する自由のことで、日本国憲法においては、思想・良心の自由（憲法第19条）、信教の自由（憲法第20条）、集会・結社・表現の自由（憲法第21条第1項）、学問の自由（憲法第23条）などがこれにあたります。

経済的自由権とは、人間の経済活動に関する自由のことで、職業選択の自

由（憲法第 22 条第 1 項）や財産権（憲法第 29 条）などがこれにあたります。

　二重の基準論を今回の【ケース】にあてはめて考えてみましょう。【ケース 1】の法律は、表現の自由という精神的自由権を制約するものです。
　一方、【ケース 2】の法律は、営業の自由という経済的自由権を制約するものです。
　したがって、2 つの【ケース】を比較すると、【ケース 2】よりも【ケース 1】のほうが、より厳しい目で違憲かどうかを審査することになるため、違憲という判断が下されやすいことになります（実際に違憲と判断されるかどうかは、他のさまざまな事情によって決まります）。

二重の基準論の根拠
◆代表的な根拠

> そもそも、どうして精神的自由権の場合は
> 経済的自由権の場合よりも厳しい目で審査されるの？

　精神的自由権が経済的自由権よりも厳しい目で審査される理由（二重の基準論の根拠）については、憲法の学者によってさまざまな主張がなされています。
　ここでは、その代表的なものを 1 つ紹介しますので、この理由づけが本当に正しいかどうか、自分の頭でじっくり考えてみてください。

　二重の基準論の根拠として代表的な見解は、「**精神的自由権は民主主義の政治にとって不可欠の権利であり、これが不当に制限されている場合には民主主義の過程そのものが傷つけられるために、裁判所が積極的に介入して民主主義を正常な状態に戻す必要がある**。したがって、精神的自由権の場合には厳しい目で審査する必要がある」と説明します。

> うーん、むずしくてよくわかないなぁ……。

それでは、この見解を詳しく解説していくことにしましょう。

◆「精神的自由権は民主主義の政治にとって不可欠の権利」の意味

まず、民主主義とは国民が国家のあり方を決める力（権力）をもっているとする考え方で、近代国家の根本となる理念です。そして、国民が国家のあり方を決めるためには、その判断材料として、さまざまな意見をもつ人々が自分の意見を自由に発表でき、みんながその意見を自由に聞くことができる状態が必要となります。

これが、「精神的自由権は民主主義の政治にとって不可欠の権利である」という言葉の意味です。

> 民主主義のためには、みんなが自由に意見を発表できて、それを聞くことができるという状態が必要なんだね。

◆「民主主義の過程そのものが傷つけられる」の意味

では、「これ（精神的自由権）が不当に制限されている場合には民主主義の過程そのものが傷つけられる」とはどういう意味でしょうか？ 次の【ケース3】を見てください。

【ケース3】
X国は軍隊をもつ民主主義国家であるが、あるとき大統領選挙が行なわれて、候補Aと候補Bが立候補した。今回の選挙の争点は、このまま軍隊を維持していくか軍隊を放棄するかという点であり、Aは軍隊をこのまま維持していくべきであると考え、Bは軍隊をすぐに廃止すべきであると考えていた。

選挙に際して、表現の自由が十分に守られている状態においては、新聞やテレビといったマス・メディアなどを通じて、Aは軍隊のメリットを、Bは軍隊のデメリットをアピールするでしょう。そして、一般国民は両者の意見をよく聞き、どちらが本当に正しいのかを判断して、投票することになります。

> うん、これがさっきいっていた民主主義の姿だね！

　では、もしＸ国が表現の自由が十分に保障されていない国であった場合にはどうでしょうか？　たとえば、選挙前に国会が、「新聞やテレビでこの国の軍隊を批判した者は懲役刑に処する。」という法律をつくった場合を考えてみてください（いうまでもなく、このような法律は表現の自由を侵害する法律です）。

> これではＢは自分の意見を公に発表できなくなってしまうよ！

　もしこのような法律があれば、国民は、軍隊のメリットをアピールしその維持を主張するＡの意見ばかりを新聞やテレビで目にすることになります。
　一方、それらのメディアでＢの意見に触れることはないので、一般国民がＢの意見を知る機会はほとんどありません。

　このような状況下で投票が行なわれたらどうなるでしょうか？
　この場合、国民の頭には軍隊のメリットばかりが刷り込まれているのですから、軍隊の維持を主張するＡに投票する人が多くなるでしょう。このような状態は、民主主義が正常に機能しているとはいえません。これが、「精神的自由権が不当に制限」され、「民主主義の過程そのものが傷つけられている」状態です。

> 形のうえでは選挙をしているけど、表現の自由が認められていないと、正常な民主主義とはいえないんだね！

◆裁判所の積極的な介入が必要な理由
　いったんこのような状態に陥ってしまうと民主主義は正常に機能しなくなってしまうので、いつまで待ってもあるべき民主主義の姿に戻ることはありません。

そこでこのような場合には、「裁判所が積極的に介入して、民主主義を正常な状態に戻す必要がある」のです。

【ケース３】でいうと、「新聞やテレビでこの国の軍隊を批判した者は懲役刑に処する」という法律は違憲であるから無効であると裁判所が宣言する必要があります。

> でも、自由が不当に制限された場合には裁判所の介入が必要だということは、経済的自由権の場合も同じじゃないの？　どうして精神的自由権の場合だけ特に厳しい目で審査されるの？

それは、**経済的自由権が制約された場合には、それによって「民主主義の過程そのものが傷つけられる」というおそれがない**からです。

たとえば、【ケース２】のような法律が制定された場合、もしこの法律が憲法に違反するものならば、国民は次の選挙でこの法律の廃止を主張している国会議員を選ぶことができます。

経済的自由権の場合には、民主主義の過程が正常に機能することによって、国民自らが違憲な状態を合憲な状態へと回復させることが可能なのです。

これに対して、精神的自由権の場合にはこの自己回復が不可能になってしまうため、特に厳しい目で違憲かどうかを判断する必要があると考えられているのです。

> 精神的自由権の場合には、裁判所が積極的に介入していかないと合憲の状態に回復することができないという特徴があるんだね。

以上で人権についての勉強は終わりです。次の Part 4 からは、憲法を支える二本柱のもう一方である「統治」を勉強していきましょう！

まとめ

- 二重の基準論とは、問題となっている権利の性質ごとに、「違憲かどうかをどれくらい厳しい目で審査するか」を変えるべきであるとする考え方である。
- 二重の基準論は、法律などが精神的自由権を制約している場合には、違憲かどうかを厳しい目で審査する。法律などが経済的自由権を制約している場合には、違憲かどうかを比較的緩やかな目で審査する。
- 二重の基準論の根拠として代表的な見解は、「精神的自由権は民主主義の政治にとって不可欠の権利であり、これが不当に制限されている場合には民主主義の過程そのものが傷つけられるために、裁判所が積極的に介入して民主主義を正常な状態に戻す必要がある」と考える。

Part 4

················→

三権分立の真の意味
【立法権・司法権・行政権の役割】

その1
はじめに
——お互いに足を引っ張り合う？

統治の分野のエッセンス

　Part 4 と Part 5 は「統治」についての勉強です。Part 1 でもお話したように、統治の分野では、国家の政治のあり方、すなわち、「国家の組織や運営の方法」と、「それぞれの国家機関に与えられた権限」を勉強します。

　それでは早速、Part 4・Part 5 を通じて知ってもらいたい、統治の分野のエッセンスはどんなものかをご紹介したいと思います。ポチくん、**三権分立**という言葉は聞いたことがありますか？

> 三権分立なら知ってるよ！　国家の権力を司法・立法・行政の3つで分担するという意味でしょ？

　はい、そのとおりです。ただ、いまの解答は三権分立の表面的な部分の説明に過ぎないため、100点満点でいうと70点といったところかもしれません。ポチくんには、これからぜひ統治のエッセンスを学んで100点満点の理解をしてもらいたいと思います。

> さっきの答えでは完璧な正解ではないってことだね。何が足りなかったの？

　結論からいうと、先ほどポチくんが答えてくれた内容に加えて**三権分立の本当の目的は、3つの権力が互いに足を引っ張り合う点にある**という点を理解していれば、100点満点の解答になります。

> お互いに足を引っ張り合うの？ そんなことしていたら、国がめちゃめちゃになってしまわないの？

100点満点の解答の本当の意味については、このPartの最後で説明することにしましょう。まずははじめの「70点の部分」をしっかり理解することが大切です。そのうえで、残りの「30点の部分」、すなわち統治のエッセンスを学ぶことにしたいと思います。

> 今回もお楽しみは最後なんだね！
> じゃあまず、統治の基本的なところから勉強していこう！

その2
立法権（国会）の役割
——国会が一番偉い？

三権分立とは何か？

そもそも**三権分立**について語るためには、「三権」というものが何かをしっかりと理解しておく必要があります。三権とは**立法権**（国会）・**司法権**（裁判所）・**行政権**（内閣）のことですね。これから順に、三権それぞれの役割を説明していきます。

まずは立法権を担う国会からです。国会の権限について定めた憲法第41条を手がかりに、日本という「国家の政治のあり方」を勉強していきましょう。

> **憲法第41条**
> 国会は、国権の最高機関であつて、国の唯一の立法機関である。

上記のように、日本国憲法では、国会は①**国権の最高機関**であり、同時に②**唯一の立法機関**とされ、きわめて大きな権限が与えられました。

①国権の最高機関

まずは、憲法第41条の前半部分「国権の最高機関」という言葉に注目してください。国権とは、**国家の権力**、つまり、**国を統治する権限**という意味です。

「国権の最高機関」という言葉を見ると、国会が三権のなかで最も権力を握っているかのようにも思えます。しかし実際には、後ほど勉強するように、**国会は「違憲審査権」という形で司法権（裁判所）から制約を受け、「衆議院解散権」という形で行政権（内閣）から制約を受ける**仕組みになっています。

> あれ、国会は他の機関から制約を受けるんだね。それでは「最高機関」とはいえないような気がするんだけど……。

そうですね。したがって一般的には、条文で「**国会は国権の最高機関である**」**という表現が使われているのは、国会が主権者である国民によって直接選任され、その点で国民に直結していることから、国の政治の中心的地位を占める機関であることを強調するために過ぎない**と考えられています。

この考えによれば、いくら国会が国権の最高機関であっても、そこから**国会の法的な特別の地位を導き出すことはできない**ことになります。

> 「国会は国権の最高機関である」という表現は、単なるお世辞のようなほめ言葉に過ぎないんだ!

> いやー 照れるなー

> よっ、最高機関!

国会

②唯一の立法機関

次に、憲法第41条の後半部分である、「唯一の立法機関」の意味を考えていきましょう。

「唯一の」とは、**国会以外の機関が「立法」を行なうことは基本的に許されない**ことを意味します。

> 国会って、法律をつくるための機関でしょ？ それならどうしてわざわざ「唯一の」なんて言葉を使ったの？

　よい質問ですね。たしかに、「唯一の立法機関」という言葉は特別な意味をもたないようにも思えます。
　しかしここで、Part 1の最後に「統治は『国民の自由と権利を守る』という憲法の目的を達成するための手段である」という点を勉強したことを思い出してください。
　実は、国会が「唯一の立法機関」とされているのも、国民の自由と人権を守るためなのです。

> 国会が「唯一の立法機関」とされていることで、どうして国民の自由と権利が守られることになるの？

　国民が国家によって自由と権利を侵害されないためには、自分たちが従うべきルールを自分たちでつくるのが一番です。
　「国民自身が自分たちでルールをつくれば国民の自由や権利を不当に侵害するようなルールがつくられるはずはない」――。この考え方が**国民主権・民主主義**ですね。
　そこで近代国家では、**国民の投票によって選ばれた国会議員によって構成される国会だけが法律をつくることができる**とし、**「自分たちが従うべきルールを自分たちでつくる」という原則を実現**しているのです。

> 立法ができるのは国会だけとすることによって、他の国家機関が国民の意思とは無関係に人権を侵害してしまうことを防いでいるんだね。

> **まとめ**
>
> ● 憲法第 41 条は、国会は①国権の最高機関であり、同時に②唯一の立法機関であると定めている。
> ● ①「国権の最高機関」といっても、国会が国の政治の中心的地位を占める機関であることを意味するに過ぎず、司法権や行政権に対して特別の地位を有しているわけではない。
> ● ②「唯一の立法機関」とは、国会以外の機関が「立法」を行なうことは原則として許されないことを意味している。これにより、「自分たちが従うべきルールを自分たちでつくる」という原則を実現している。

その3

司法権（裁判所）の役割
──裁判所もお手上げの争いごと

裁判できない争いごとはあるか？

次は**司法権**（裁判所）の役割について学んでいきましょう。まずは次の条文を読んでください。

> **憲法第76条第1項**
> すべて司法権は、最高裁判所及び法律の定めるところにより設置する下級裁判所に属する。

憲法第76条第1項は、**司法権は裁判所に属するということ**を意味しています。そして、**裁判所の役割は、誰かと誰かの間に紛争（争いごと）が起きた場合にそれを解決すること**です。

突然ですが、ここでポチくんに質問です。以下に挙げた4つの紛争のうち、裁判所が解決できるものはいくつあるか考えてみてください。

> **＜紛争＞**
> (1) ダーウィンの進化論を全面的に支持する生物学者Aと、それを真っ向から否定する生物学者Bとの間で口論が起きた。そこでAは、どちらの意見が正しいかを裁判所に決着をつけてもらうため、Bを訴えた。
>
> (2) A宗教では、教祖から秘技を伝授された者がリーダーとなり、宗教法人の代表役員になれるとされていた。あるとき信者Bが代表役員となったが、信者Cは、Bは秘技を伝授されていないから代表役員になることができないと主張し、Bが代表役員ではないことの確認を求めてBを訴えた。

(3) Aは自衛隊が存在していることは憲法第9条に違反すると考え、自衛隊の解散を求めて国を訴えた。

(4) Aは隣に住むBが毎晩吹いているトランペットの音がうるさく、不眠症になってしまった。そこでAは、Bを訴えて不眠症の治療費を請求した。

> 裁判所の役割は紛争を解決することなんでしょ？　どのケースも紛争が起きているから、裁判所が解決できるような気がするんだけど……。

　たしかに裁判所の役割は紛争を解決することですが、裁判所がこの世のすべての紛争を解決できるわけではありません。いい換えると、**裁判所はすべての紛争を裁判できるわけではない**ということです。

2つのハードル

> じゃあ、どんな紛争なら裁判所が裁判することができるの？

　裁判所が解決可能な紛争といえる（裁判所が裁判できるといえる）ためには、次の2つの条件（ハードル）をクリアする必要があります。

ハードル①＝当事者に具体的な権利・義務があるかについての紛争であること
ハードル②＝法律を適用することによって解決できること

　ここからは、裁判所が解決可能な紛争といえるためにクリアすべき2つのハードルを勉強していくことにより、司法権とはどういうものかを学んでいきましょう。

```
        GOAL!
   裁判所による
   解決が可能
  ハードル②
            ②法律で解決可能
 ハードル①
            ①具体的な権利・義務
  ただの紛争
```

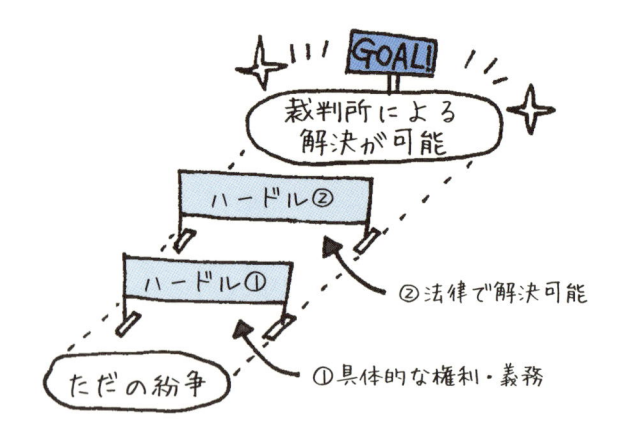

◆①具体的な権利・義務についての争い

①の条件は、**裁判所が裁判できるのは、実際に自分の権利が侵害され、具体的な事件の形となっている紛争に限られる**という意味です。

したがって、抽象的な法令の解釈や効力についての紛争は、この条件を満たしません。

たとえば、抽象的に、「自衛隊は憲法第9条に違反する」とだけ主張して国を訴えたとしても、それは①の条件である「当事者間に具体的な権利・義務があるかについての紛争であること」を満たさないので、裁判所が裁判をすることはできません。

> 自分の権利が実際に侵害されていなくて、漠然と法律的な意見を主張するだけでは、①の条件を満たさないんだね！

◆②法律の適用による解決が可能

②の条件は、**法律を適用することによって解決できない問題については、裁判所が裁判することはできない**という意味です。

なぜなら、裁判所は政治的な判断や学問研究をする場所ではなく、あくまで「法律」に基づいて紛争を解決する場所だからです。

> 法律問題以外の紛争を裁判所にもち込んでも、裁判してもらえないってことか！

各ケースにあてはめてみよう

以上のことを、先ほどの(1)～(4)の紛争にあてはめてみましょう。

◆ (1) について

①の条件を満たすためには、「実際に自分の権利が侵害されていること」が必要です。Aは、Bが「ダーウィンの進化論は正しくない」と主張しているからといって、それによって具体的な法律上の権利を侵害されているわけではありません。よって、これは①の条件を満たしません。

また、この問題は、結局は生物学の問題に帰結するので、いくら日本の法律を適用しても解決することは不可能です。よって、②の条件も満たしません。

◆ (2) について

宗教法人の代表役員は法律上の権限をもつことになるので、この紛争は①の条件は満たします。しかし、Bが代表役員となれるかどうかを判断するためには、「Bが秘技を伝授されたか」についての判断を下すことが必要となります。

しかし、秘技を伝授されたかどうかは宗教上の教義に関する事項であり、法律を適用することで結論が導かれる問題ではありません。したがって、この紛争は②の要件を満たさないことになります。

◆ (3) について

Aは、自衛隊の存在によって現実に何らかの不利益を被ったわけではありません。したがって、この紛争はあくまで抽象的な争いである（具体的な事件ではない）と判断され、①の条件を満たしません（②の条件は満たす可能性があります）。

◆ (4) について

　Aは、Bの行為によって健康を害されていて、実際に自分の権利が侵害されているといえるので、①の条件を満たします。

　また、AがBに治療費を請求できるかは、Bの行為が民法第709条❸の定める不法行為にあたるかどうかによるので、この紛争は、法律の適用によって解決が可能です。よって、②の条件も満たします。

　以上より、(4) の紛争だけが①と②の両方の条件を満たし、裁判所による解決が可能な紛争であるといえます。(1)〜(3) の紛争に関しては、裁判所が司法権を行使して裁判を行なうことはできません。

①と②の両方のハードルをクリアした紛争だけが、裁判所で裁判してもらえるんだね！

> **まとめ**
>
> ●ある争いごとが裁判所による解決が可能な紛争といえるためには、①当事者に具体的な権利・義務があるかについての紛争であり、②法律を適用することによって最終的には解決できるという、2つの条件（ハードル）をクリアする必要がある。

---

❸ 民法第709条「故意又は過失によって他人の権利又は法律上保護される利益を侵害した者は、これによって生じた損害を賠償する責任を負う。」

その4
行政権(内閣)の役割
——行政権は残り物

行政権とはどんなもの？

　ここまで、立法権と司法権の意味を学んできました。最後に**行政権**について簡単に説明します。
　一般に行政権とは、**すべての国家の権限のうちから立法権と司法権を除いたもの**と定義されています。

> 何だか、ちょっと変わった定義だね。どうして行政権を説明するのに立法権や司法権が出てくるの？

　行政権がこのように定義されているのには、2つの理由があります。

◆**理由①　歴史的経緯**

　1つは、歴史的な経緯に関係しています。近代的な憲法が誕生する前には、王様が国家権力のすべてを握っており、それにより国民の自由や権利が侵害されることがありました。
　そこで、**国民は王様の包括的な支配権から立法権や司法権を奪い、王様が自分勝手な法律をつくったり、裁判を行なったりできなくしていった**のです。そして、**最終的に残った権力が行政権と呼ばれるようになった**のです。こうした歴史的経緯から、前述のような定義になったといわれています。

◆**理由②　行政権は残り物**

　もう1つは、**行政権の役割はその性質上さまざまなものがあり、時代の状況やその時々の国民のニーズなどによって多種多様である**ことが挙げられます。したがって、「行政権とは○○である」とあえて積極的に定義せずに、

いわば「立法権と司法権以外の残り物」と消極的に定義することにより、**多様な行政活動を包括的にとらえることができ、モレを防ぐことができるのです。**

> 行政権は、立法権・司法権に含まれない国家権力全体をカバーしているんだね。

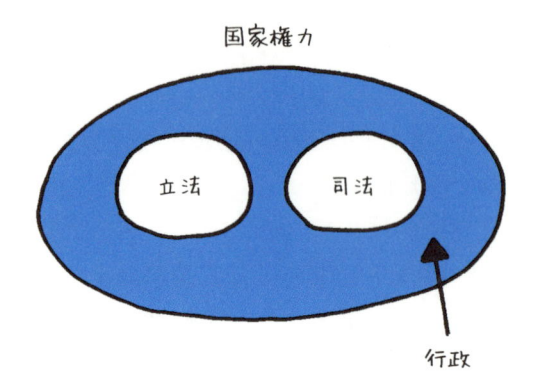

国家権力

立法　司法

← 行政

まとめ

- ●行政権とは、すべての国家の権限のうちから立法権と司法権を除いたものと定義されている。
- ●上記の定義は行政権の概念の歴史的な経緯にも合致しており、これにより多様な行政活動を包括的にとらえることができる。

その5 三権分立の意味
――互いに足を引っ張り合う3つの権力

明治憲法と比べてみよう

ここまでで、三権分立における「三権」の勉強は終わりました。先ほどの話でいうと、「70点」分についての説明が終わったことになります。

> となると、いよいよ残りの「30点」についてだね！「三権分立の本当の目的は3つの権力が互いに足を引っ張り合う点にある」って、どういう意味なの？

この言葉は、実は、Part 1 ～ Part 3で勉強した、「憲法は国民の自由や権利を守るためにある」ということと関係があります。

そもそも、「国家の権力を司法・立法・行政の3つで分担する」という意味での三権分立は、「単なる役割分担」としての三権分立といえます。

これは、明治憲法における三権分立と近いものです。明治憲法では、天皇は神の子孫として立法・司法・行政などすべての国の権力を究極的に握っていました（このことを、天皇が主権を有しているという意味で、「**天皇主権**」といいます）。

したがって、「三権」にあたるそれぞれの機関は、本来は天皇がもつ権力を分担して手助けするものに過ぎませんでした。

> 明治憲法では、三権は役割分担して天皇の権力を手助けしていたんだね。

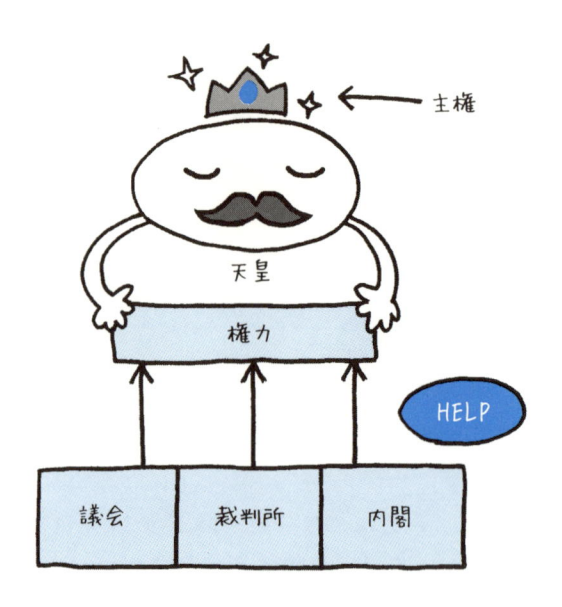

日本国憲法が三権分立を採用する本当の目的

　一方、今日の憲法は国民主権を根本原理としていますので、「三権が天皇の権力を手助けしている」ということはできません。

　よって、明治憲法のときと同じように、三権分立の目的は単に国家の権力を3つの機関が分担することであるとは考えられないのです。

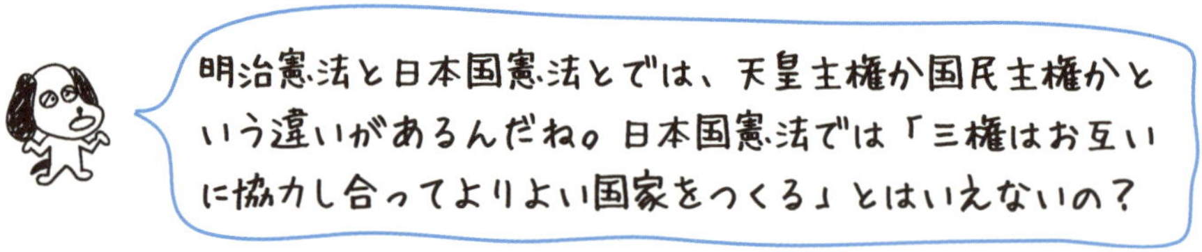

> 明治憲法と日本国憲法とでは、天皇主権か国民主権かという違いがあるんだね。日本国憲法では「三権はお互いに協力し合ってよりよい国家をつくる」とはいえないの？

　たしかに、日本国憲法の下では、それぞれの機関が互いに協力し合うことが必要となる場合もあります。

　しかし、それが三権分立の本当の目的ではありません。ここで大切なポイントは、このPartの冒頭でも述べたとおり、三権分立の本当の目的は、3つの権力が互いに足を引っ張り合う点にあるということです。

> ここでやっと、その言葉が登場するんだね！　国のためには仲良く協力したほうがいいと思うんだけど……。「足を引っ張り合う」っていうのは一体どういう意味なの？

Part 1では、統治についての規定は国民の自由や権利を守るという目的を達成するための「手段」であることを勉強しました。したがって、**統治の分野の最も重要な仕組みである三権分立も、国民の自由や権利を守るために存在する**といえます。

> 三権分立にすると、どうして国民の自由や権利を守れることになるの？

その理由は、国家権力が1つの機関に集中してしまっている場合を想像してみたらわかります。

もしそんなことがあれば、国家権力を握る「万能の国家機関」（政府）は、政府に都合のよい法律をつくり、その法律に則って行政を行ない、その法律に基づいて政府自ら国民を裁くことになります。

このような状態では、**政府の行為をチェックする機会がまったく存在しません**。これでは政府が暴走し、国民の自由や権利を思うがままに侵害してしまうおそれがあります。

> たしかに、国家権力が1つに集中すると、その機関が好き勝手に国民の人権を侵害することも可能になってしまうんだね。

そこで日本国憲法は、前記のような状況に陥ることを防ぐために三権分立を採用しているのです。国家の権力を3つに分けたとしても、そのうちの1つが他の2つの機関よりも大きな権力をもってしまうと、いわばその機関が「調子に乗って」自分勝手に暴走し始めるおそれがあります。

そこで、**それぞれの機関が暴走しないかを相互に監視することによって、どこかの機関が国民の人権を侵害することを防いでいる**のです。
　その意味で、三権分立は、**国家の役割をそれぞれ異なる機関に区別・分離することにより、それぞれの機関が相互に抑制と均衡を保たせる制度**であるといえます。
　これが、「三権分立の本当の目的は３つの権力が互いに足を引っ張り合う点にある」という言葉の意味です。

> 1つの機関が調子に乗って暴走を始めるのを防ぐために、3つの機関がお互いにブレーキをかけ合ってるんだね！

```
            立法
         （ちょっと待てよ）
  あんまり
  がんばり
  過ぎるな
                  ほどほどに
                  しておけ
    行政              司法
```

まとめ

- 三権分立とは、国家権力が１つの機関に集中し、国民の権利や自由が侵されるのを防ぐために、国家の役割を異なる機関に区別・分離し、相互に抑制と均衡を保たせる制度である。その意味で、「３つの権力が互いに足を引っ張り合う制度」であるといえる。

Part 5

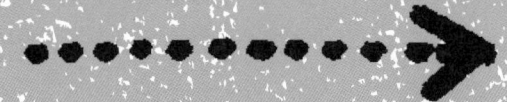

お互いに足を引っ張り合う制度
【統治の基本制度】

その1

はじめに
——どうやって「足を引っ張り合う」？

> Part4で、3つの権力はお互いに足を引っ張り合う必要があることはわかったけど、そんなことをしていて国家は大丈夫なのかな？

　ご安心ください。憲法は3つの機関が絶妙なバランスを取り合い、全体としては国民の自由や人権を守りつつ、国家の発展を図ることが可能な制度を用意しています。

　下の図を見てください。①〜⑥までの番号のついた矢印は、各機関が他の機関に対して抑制をしていることを表わしています。

　Part 5では、①〜⑥にはどのような制度があるのかを見ていくことで、3つの機関がどのようにして「足を引っ張り合っている」のかを学んでいくことにしましょう。具体的には、「**議院内閣制**」、「**違憲審査権**」、「**司法権の独立**」について勉強します。

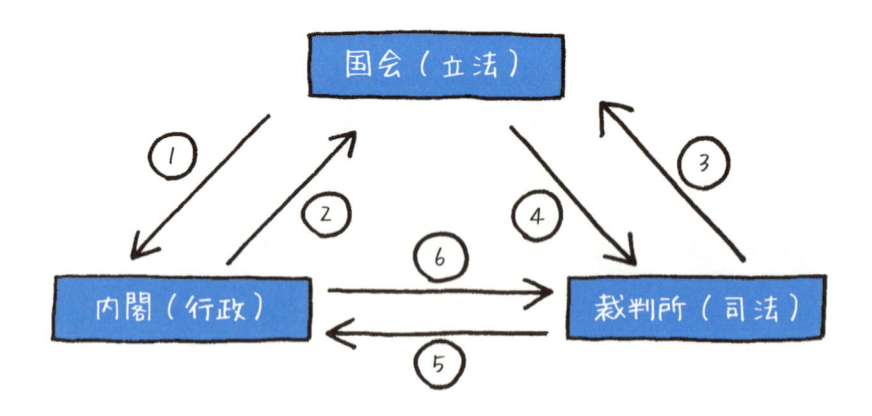

```
                    国会（立法）
                   ↗  ↙     ↖  ↘
                  ①   ②    ④   ③
                 ↙   ↗         ↘   ↖
           内閣（行政）  ——⑥→  裁判所（司法）
                       ←—⑤——
```

その2

議院内閣制
―― 時に手を取り合い、時ににらみ合う国会と内閣（①②）

議院内閣制とは――国会と内閣の協力

まずは、立法権と行政権が互いに抑制し合っている制度を見ていきましょう。

この制度のことを、**議院内閣制**と呼びます。議院内閣制の本質は次の条文に端的に表われています。

> 憲法第66条第3項
> 内閣は、行政権の行使について、国会に対し連帯して責任を負ふ。

憲法第66条第3項は、**議院内閣制とは内閣が国会に対して責任を負う制度**であることを示しています。

「内閣が国会に対して責任を負う」とは、**内閣は国会から完全に分離・独立しているのではなく国会の信任を必要とし、両者は協力しなくてはならない**ということを意味しています。

本来、三権分立は**権力分立**という考え方を基礎としています。これは、国家権力をいくつかの機関で役割分担し、それぞれの権力を分離することにより、国民の自由と権利を守るという考え方です。

もし、この考え方の「国家権力を役割分担し、それぞれの権力を分離する」という点を徹底すると、議院内閣制という仕組みとはつながりません。なぜなら、**議院内閣制とは、国会と内閣の「分離・分担」ではなく、むしろ「協調・協力」を目指すもの**だからです。

> 三権分立を「権力の役割分担」として考えると、各権力は分離・独立したほうがよさそうだけど、議院内閣制はそうじゃないんだね。国会と内閣は協力するべきだと考えるのか！

　たとえば、憲法第67条第1項は、内閣のトップである内閣総理大臣は国会から指名されることを定めています❹。また、憲法第68条第1項は、内閣の一員である大臣の過半数は国会議員から選ばれなくてはならないとしています❺。憲法第63条によると、大臣は国会に出席して発言することができ、時には出席する義務が生じることすらあります❻。

　これらの規定は、国会と内閣が協力関係にある、つまり、両者は完全に分離しているのではなく、緩やかに分離しているに過ぎないということの表われです。

> でも、国会も内閣も国の政治をしているという点では同じだから、協力するのは当然でしょ？　2つが協力しない制度なんてあり得るの？

　それが、あるんですよ！　ポチくんも知っているとは思いますが、アメリカは**大統領制**を採っていますね。大統領制は議院内閣制とはまったく反対の制度で、**議会と内閣が厳格に分離している**、つまり、**議会と内閣が制度的には協力関係にない**のです。

> 議会と内閣が協力関係にないという点は、どういう違いになって表われるの？

---

❹ 憲法第67条第1項「内閣総理大臣は、国会議員の中から国会の議決で、これを指名する。この指名は、他のすべての案件に先だつて、これを行ふ。」
❺ 憲法第68条第1項「内閣総理大臣は、国務大臣を任命する。但し、その過半数は、国会議員の中から選ばれなければならない。」
❻ 憲法第63条「内閣総理大臣その他の国務大臣は、両議院の一に議席を有すると有しないとにかかはらず、何時でも議案について発言するため議院に出席することができる。又、答弁又は説明のため出席を求められたときは、出席しなければならない。」

まず、大統領制では、**大統領は、議会の意思とは無関係に国民の選挙によって選ばれます。**

また、大統領と行政長官は議会の議員との兼職が禁じられているため、議員を続けながらそれらの役職に就くことはできません。

このように、大統領制においては議会と内閣がスッパリ区切られていて、両者は厳格に分離しているのです。

議院内閣制　　　　　　大統領制

そのほか、次に勉強しますが、議院内閣制においては国会と内閣の協力関係が重視されるため、それが破たんしてしまった場合にはそれを回復する手段として、**内閣不信任制度**や**内閣総辞職制度**、**解散制度**が用意されています。

一方、大統領制においては議会と内閣の協力関係は重視されていないので、それらの制度はありません。

内閣不信任決議と衆議院の解散（①立法→行政、②行政→立法）

もし内閣と国会の協力関係（信頼関係）が壊れてしまったらどうなるの？

国会が「もうこれ以上、内閣を支持できない」と考えた場合や、逆に内閣が「国会がどうも内閣のことを支持してくれないので、この内閣を支持して

くれる国会がほしい」と考えた場合には、両者の協力関係が破たんしているわけですから、それを回復する手段が必要となります。

その手段として、国会（衆議院）がもっているカードが**内閣不信任決議権**、内閣がもっているカードが**衆議院の解散権**です。

次の条文を見てください。

> **憲法第69条**
> 　内閣は、衆議院で不信任の決議案を可決し、又は信任の決議案を否決したときは、10日以内に衆議院が解散されない限り、総辞職をしなければならない。
>
> **憲法第70条**
> 　内閣総理大臣が欠けたとき、又は衆議院議員総選挙の後に初めて国会の召集があつたときは、内閣は、総辞職をしなければならない。

憲法第69条と憲法第70条は、**国会（衆議院）が内閣を信任できなければ内閣不信任決議をすることができ、その場合、内閣は総辞職しなければならない**ことを定めています。つまり、**国会（衆議院）は現在の内閣をやめさせる権限をもっている**のです。

一方、内閣は、**内閣と国会の協力関係がこれ以上維持できず、改めて国民に民意を問う必要があると判断した場合には、衆議院を解散することができる**のです。

> 国会（衆議院）と内閣は、お互いに相手をやめさせる権限をもっているんだね！

このように、国会（衆議院）と内閣が互いに「相手をやめさせる」カードをもつことにより、両者はある種の緊張関係をもつと同時に、協力して政治的な課題に向かっていくことが要請されるのです。

立法権と行政権の抑制と均衡は、内閣不信任決議と解散権という2枚のカードによって実現されているといえます。

まとめ

- 議院内閣制とは、「内閣が国会に対して責任を負う制度」である。内閣は国会の信任を必要とし、両者は協力しなくてはならない。
- 議院内閣制における国会と内閣の協力関係が破たんしてしまった場合、その回復手段として、内閣不信任制度や内閣総辞職制度、解散制度が用意されている。
- 国会（衆議院）と内閣が互いに「相手をやめさせる」カードをもつことで、両者はある種の緊張関係をもつと同時に、協力して政治的な課題に向かっていくことが期待されている。

その3
違憲審査権
——裁判所はおせっかい？（③⑤）

違憲審査権と民主主義の関係

次に、司法権から立法権・行政権への抑制を見ていきます。憲法第81条は**違憲審査権**を定めており、これは、**法律や国家の行為が憲法に違反しないかどうかをチェックする裁判所の権限**です。

> 憲法第81条
> 　最高裁判所は、一切の法律、命令、規則又は処分が憲法に適合するかしないかを決定する権限を有する終審裁判所である。

もし裁判所が、特定の法律や国家行為が憲法に違反するという判断を下した場合、それらは「無効」なものとして扱われます。つまり、裁判所の違憲審査権は、国会のつくった法律や内閣のした国家行為が憲法に違反する場合にはその効力を否定できるという権限なのです。

> 裁判所は法律や国家の行為が憲法に違反しないかをチェックして、それらにNOといえるんだね！

しかし、ここで注意しなければいけないことがあります。
国会は、国民の選挙によって選ばれた議員によって構成されています。そして、内閣総理大臣は国会によって指名され、その他の大臣もほとんどが国会議員から選出されます。ということは、**国会と内閣は、直接的・間接的に、国民の意思を反映した機関である**ということができます。

一方、裁判官は選挙で選ばれるわけではないので、**司法権をもつ裁判所は**

必ずしも国民の意思が反映されているとはいえません。

　したがって、裁判所が違憲審査権を行使して、国会のつくった法律や内閣のした国家行為を否定することは、「国民の意思を反映しているとは限らない機関（裁判所）」が、「国民の意思を反映している機関（国会と内閣）」の行為を否定することを意味します。

　以上のことから、**違憲審査権は、ある意味で民主主義と矛盾する性格をもつ制度なのです**。

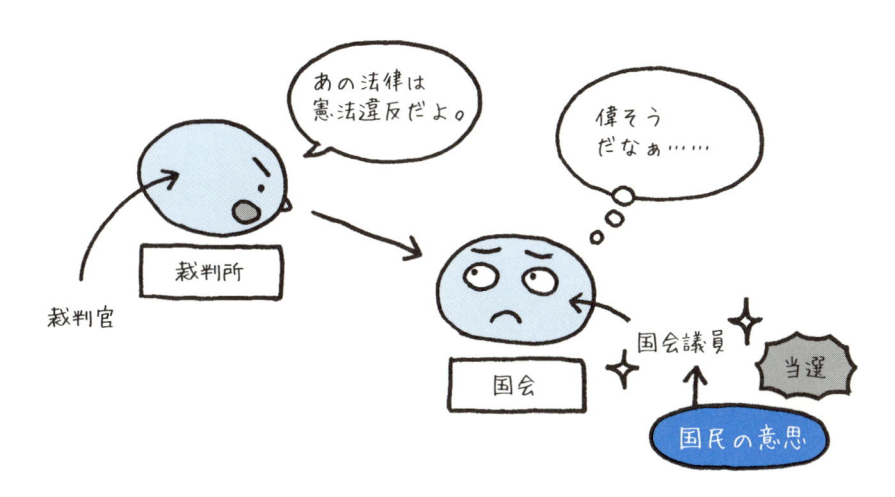

違憲審査権の根拠

> 違憲審査権は民主主義と矛盾するっていうけど、近代国家にとっては「民主主義」はとても大切な考え方でしょ？　どうして民主主義とは合わない制度が憲法に組み込まれているの？

　「違憲審査権」が憲法に用意されている主な理由は2つあります。

◆理由①　憲法は最高の「法」である

　まず、「憲法は国家の基本法」といわれるとおり、憲法は数ある「法」の

なかでトップに君臨する国のルールです。ということは、憲法に反するその他のルールがそのまま通用してよいはずはなく、もし憲法に違反するようなものがあれば違憲無効になります。

そして、「法律や国家行為が憲法に反するか」をチェックするのが、その法律をつくった国会自身や、その国家行為を行なった内閣自身であっては、チェックが十分になされることを期待できません。

そこで、**それらの機関とは別の機関（裁判所）によって、法律や国家行為の合憲性が審査される必要がある**といえるのです。

> 第三者の立場にある裁判所が、国の最高の「法」である憲法違反がないかをチェックする必要があるってことだね！

◆理由②　基本的人権の尊重

また、憲法の究極の目的は国家権力から国民の人権を守るという点にあります。しかし、歴史的に見て、人権は立法権・行政権の両者から侵害されてきました。

そこで、**立法権・行政権による人権侵害から国民を救済する「憲法の番人」として、裁判所が国民を守るために立ちはだかる必要がある**のです。

> 国会や内閣が国民の人権を侵害しようとしたときには、裁判所が最後の砦として国民の人権を守ってくれるんだね！

もっとも、先ほど述べたとおり、司法権による違憲審査は「国民の意思を反映しているとは限らない機関」による「国民の意思を反映した機関」に対する口出しであることには変わりありません。

したがって、司法権による違憲審査は積極的に行ないさえすればそれでよいというわけではなく、どのような場合に積極的に行ない、どのような場合に慎重になるべきかをしっかりと考える必要があるのです。

まとめ

- 違憲審査権とは、法律や国家の行為が憲法に違反しないかを裁判所がチェックする権限であり、審査の結果、憲法に違反するとされた場合には、法律や国家の行為は無効となる。
- 違憲審査権はある意味で民主主義と矛盾する性格をもつものといえるので、司法権による違憲審査は積極的に行なわれさえすればそれでよいというわけではない。

その4
司法権の独立
――裁判所には文句がいえない（④⑥）

司法権の独立とは？

◆**司法権に対する抑制の制度はない**

　これまでで、①立法権→行政権、②行政権→立法権、③司法権→立法権、⑤司法権→行政権というように、各機関が他の機関を抑制していることを学んできました。最後に見るのは、④立法権→司法権と、⑥行政権→司法権の２つです。これらはどちらも「司法権に対する抑制」ですが、実は、立法権・行政権から司法権に対して抑制するという制度は、憲法にはほとんどありません[7]。

> え？！　司法権が他の機関からの抑制を受けなければ、三権分立の目的が実現されないんじゃないの？

　いや、その反対に、議院内閣制の下では、**司法権が他の機関から抑制を受けないほうが国民の自由と権利が守られる**と考えられています。

> 何だか、いままでの説明と反対のことのように思えるよ。どうしてそんなことがいえるの？

　その理由を説明しましょう。キーワードは、「**司法権の独立**」です。
　司法権の独立とは、**裁判が公正に行なわれ人権の保障が確保されるためには、裁判官がいかなる外部からの干渉や圧力も受けずに公正無私の立場でい**

---

[7] もっとも、④や⑥に該当する規定がまったく存在しないというわけではありません。④立法権→司法権の制約の例としては、憲法第64条の定める弾劾裁判の制度、⑥行政権→司法権の制約の例としては、憲法第79条の定める内閣の最高裁判所長官任命権等が挙げられます。

なければならないという考え方をいいます。

司法権が他の権力から干渉や圧力を受けるようでは公正な裁判を期待できないので、独立させてさまざまな干渉や圧力を排除するということです。

> どうして司法権の独立という考え方が認められているの？

このように、司法権にだけ特別な配慮がされる理由は2つあります。

1つ目は、立法権・行政権は政治性が強いのに対し、司法権だけは非政治的な権力であるので、立法権・行政権からその権限が侵害される危険性が大きいという点が挙げられます。

2つ目は、司法権は裁判を通じて国民の権利を保護することを仕事としているので、政治的権力の干渉を排除し、特に少数者の保護を図る必要があるからです。

> 司法権は公正な裁判によって国民の人権を守るために、他の権力から独立している必要があるんだね。

じゃましないで！

行政権　司法権　立法権

◆裁判官の独立を実現するためのルール

司法権の独立を実現するために、憲法は以下の規定を設けています。

> **憲法第76条第3項**
> すべて裁判官は、その良心に従ひ独立してその職権を行ひ、この憲法及び法律にのみ拘束される。

この規定は、裁判官に対する不当な圧力や干渉を排除することを謳ったものです。

ここでは、裁判官は自分の「良心」に従い、「独立」して裁判をすることができるとされています。したがって、**一人ひとりの裁判官は上司や他の国家権力などから指示・命令も受けずに、自らの判断に基づいて裁判を行なうことができる**のです。

> 他の人が何といおうと、裁判官は自分が正しいと思う裁判をすればいいんだね！

続いて、次の規定も重要です。

> **憲法第80条第1項本文前段**
> 下級裁判所の裁判官は、最高裁判所の指名した者の名簿によつて、内閣でこれを任命する。

この規定によると、下級裁判所裁判官の任命権は内閣にありますが、この任命は最高裁判所の提出する名簿に基づいて行なう必要があります。つまり、内閣が下級裁判所裁判官として任命できるのは、最高裁判所が提出した名簿に書かれた者だけだということです。

これは、最高裁判所が下級裁判所裁判官の人事権を一定の範囲で握ることにより、司法権の独立性を維持するための規定です。

> 内閣が自分たちに都合のいい判断をするような裁判官を勝手に任命してしまうことを防いでいるんだね。

まとめ

- 司法権の独立とは、裁判が公正に行なわれ、人権の保障が確保されるためには、裁判官がいかなる外部からの干渉や圧力も受けずに公正無私の立場でいなければならないという考え方をいう。
- 司法権の独立を実現するために、裁判官に対する不当な圧力や干渉を排除することを謳った憲法第76条第3項や、最高裁判所が下級裁判所裁判官の人事権を一定の範囲で握ることを認めた憲法第80条第1項本文前段が設けられている。

第2部

民法・会社法と民事訴訟法

Part 6

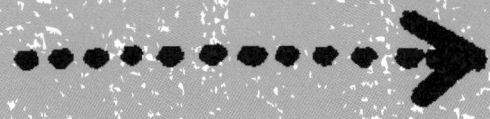

「殺人契約」も有効？
【民法の基本と大原則】

その1

はじめに
──「殺人契約」が結ばれた！

勉強の出発点となる問題

　Part 6〜Part 8では民法を学んでいきます。

> ぼくたちが普段生活していくなかで、一番お世話になる法律は民法かもしれないね！

　そうですね。民法は私たち私人（しじん）同士の法律関係を規定した法律ですので、とても身近であるといえます。
　このPartではこの民法の基本知識と、民法を考えるうえで最も基本となる大原則を学んでいきます。
　とはいえ、いきなり「基礎」とか「基本」から勉強を始めても面白くないと思うので、まずは次の【問題】を考えてみてください。

【問題】
　AはBに、Cを殺害するよう依頼し、報酬500万円を支払う約束でBとの間で契約を結んだ。AとBは正式に契約書を作成し、二人ともそれにサインをした。
　Bは約束どおりCを殺害したが、Aは一向に報酬を支払おうとしない。そこでBは、Aに対して500万円の支払を求めて、裁判所に訴えた。Bは裁判で勝訴できるか？

議論の前提：1つの行為で2つの責任

> 殺人の契約なんてあってはならないと思うから、Bは勝訴できないような気がするよ。でも、契約書までつくっているところが少し気になるなぁ。法律的にはどう考えていけばいいの？

　まず、本格的な議論の前提として確認すべきことは、Bに殺人の依頼をしたAには、**「刑法上の責任」**と**「民法上の責任」**の2つの責任が生じるという点です。

　ある人がある行為をした場合、刑法上は、「犯罪は成立するか」が問題となり、「その行為は刑罰を加えるに値するほどに悪い行為であったといえるのか」が議論されます。

　これに対し、民法上は、「その行為によって誰にどんな権利や義務が発生するか」が問題となり、「当事者同士の利害関係をいかに調整するか」が議論されます。

　このように、ある1つの行為があった場合でも、刑法と民法とでは、問題とするべき事柄がまったく違います。

> 行為をした人にどんな責任が生じるかは、刑法は刑法として、民法は民法として、別々に考える必要があるってことだね。

　ここでは刑法上の責任については詳しく説明しませんが、1つの行為によって、「刑法上の責任」と「民法上の責任」の2つが生じるという点だけは押さえてください。

その2 民法の全体像

財産法と家族法

「BはAに対して500万円の支払を求める権利があるか」どうかを考えるにあたっては、そもそも民法上の権利や義務とは何かを知る必要があります。そして、民法上の権利や義務を知るためには、民法の全体像が一体どのような構造になっているのかを理解するのが近道です。

民法は2つのパートに分けられます。私人の財産関係を定めた「**財産法**」と、私人の家族関係を定めた「**家族法**」です。そして財産法は、さらに**物権法**（第2編）、**債権法**（第3編）に分けられ、家族法は、**親族法**（第4編）と、**相続法**（第5編）に分けられます。

5つの編

> たくさんある条文も、内容によってパートごとに分かれているんだね。各パートはどんな役割を担っているの？

民法は全部で5つの「編」から構成されています。上から順番に、それぞれの「編」がどんな内容なのかを紹介していきましょう。

第1編の「**総則**」は、**民法全体に通じる基本的なルール**が定められています。つまり、総則は、**ほかの4つの「編」のすべてに共通するルール**を定めた部分なのです。

第2編は「**物権法**」です。**物権**とは、所有権や抵当権など、**物に対する権利**のことをいいます（物権については、Part 8で勉強します）。第2編では、

物権にはどのような種類があり、物権はどのようにして人から人へと移転していくかなどが定められています。

第3編は「**債権法**」です。債権とは、**ある人がある人に対して、「〜せよ」という特定の行為を請求する権利**のことをいいます。この例としては、売買代金を支払うように請求する権利や、交通事故で生じた損害についての損害賠償を請求する権利などがあります。また、**債権の裏返しの意味としての「〜しなければならない」という義務**のことを「**債務**」と呼びます。債権があるところには、同時に必ず債務があります。第3編では、**債権・債務はどのような場合に発生し消滅するか**などが定められています。

第4編は「**親族法**」です。親族法とは、**家族や家庭をめぐる問題をどのように処理すればよいかを定めた法律**です。主に、結婚に関することや親子関係に関することなどが定められています。

第5編は「**相続法**」です。相続法とは、**人が死亡した場合に、その財産が誰に受け継がれていくかを定めた法律**です。たとえば、遺言に関する規定や、遺言がなかった場合の「法定相続」に関する規定などがあります。

> 民法の全体を眺めてみると、とても体系的で網羅的だということがわかるね。

実際の生活では、家族法の分野はとても身近で重要ですが、大学の法学部や司法試験では、財産法の分野の勉強が中心になります。そこでこのPartでも、以下は財産法を中心に勉強していくことにします。

まとめ

- 「民法」という法律は、①民法全体に通じる基本的なルールが定められた「総則」、②物権法・債権法から成る「財産法」、③親族法・相続法から成る「家族法」によって構成されている。

その3 民法上の権利と義務

民法上の「権利」と「義務」の意味

　112ページの【問題】では、「BはAに対して500万円の支払を求める権利があるか」どうかが争点でしたね。

　ここで「**権利**」という言葉が出てきますが、ポチくん、普通「権利」といったらどういう意味でしょうか？

> 「権利」とは「何かをすることができる」ということを意味すると思うよ。

　そうですね。民法上の権利の意味も、いま答えてくれた内容と基本的には同じです。しかし、ここで重要なポイントがあります。**民法上の権利**とは、単に「〜することができる」という意味にとどまらず、**もしそれが実現されない場合には、最終的に裁判所を通じて強制することができる**という意味を含むのです。

　たとえば、もしポチくんが友達に100万円を貸していて、返してもらう約束をしていた時期を過ぎた場合、ポチくんはその友達に100万円を返すよう求める「権利」があります。

　そして、もし友達がそれを返してくれない場合には、ポチくんは裁判所に訴えることができます。裁判所がポチくんの主張を認める判決を下せば、ポチくんはその判決をもとにして、友達の財産から100万円を強制的に取り上げることができます。

> 民法上の権利には、裁判所に助けを求めるという最終手段が用意されているところに特徴があるんだね！

　以上の「権利」の意味に対応して、**義務**とは、単に「〜しなければならない」ということを意味しているだけでなく、**もしそれを果たさないと、最終的には裁判所によって強制されてしまう**という意味になります。
　民法上の議論のほとんどは、誰にどのような権利があり、義務があるのかというものです。この点をしっかりと頭に入れておいてください。

最終手段が用意されている理由

> どうして民法上の権利には、裁判所に助けを求めるという最終手段が用意されているの？

　よい質問ですね。それは、**近代国家においては国民が自分の実力で権利を実現することが禁止されているから**だといえます。
　先ほど、ポチくんが友達に100万円を貸していた例を挙げました。このとき、いくらポチくんには100万円を返してもらう権利があるとはいっても、ポチくんが友達の家に勝手に上がり込んで、100万円を奪い取ってしまうことは許されていません。
　なぜなら、もしこのようなことを許してしまうと結局は力の強い者が勝つ社会になってしまい、社会の秩序が維持できないからです。

> 僕たちは、自分の力で強制的に権利を実現することは許されていないんだね。

　このように、国家は国民が自分の実力で権利を実現することを禁止しています。そこで**その代わりに、裁判所の力を借りて強制的に権利を実現するという手段を用意している**というわけです。

契約による権利と義務の発生

民法では、どのような場合にどのような権利と義務が発生するのかを定めていますが、なかでも重要なのが「契約」です。権利と義務は、多くの場合は契約によって発生するといえます。そして、契約の典型は「売買契約」です。

次の【ケース】を見てください。

【ケース】
　AがBに、自分のもっている家を100万円で売った。

この【ケース】では、AとBが「売買契約」という「契約」を結んでいます。

これによって、どんな権利と義務が発生するのでしょうか？

> それまでAの物だった家が、Bの物になるよね。そして、Bとしては代金100万円を支払う義務が生じるだろうな……。もっと法律的にいうとどうなるの？

まず、物権法の観点から見ると、**「家」という物に対する権利（所有権）**が問題となります。

所有権とは、**1つの物を自由に使ったり、売ったり、人に貸したりすることのできる権利**です。この【ケース】でいうと、契約によってAは家の所有権を失い、Bは家の所有権を取得しました。

一方、債権法の観点から見ると、**AとBにはそれぞれ相手に対してどのような債権・債務があるか**が問題となります。

契約によって、BはAに対し「家を引き渡せ」と請求する債権を取得し、AはBに対し「代金100万円を支払え」と請求する債権を取得することになります。

> たった1行の【ケース】でも、いくつもの権利や義務が発生しているんだね！

権利　　義務

売買契約

　ではここで、112ページの【問題】に話を戻しましょう。ここでは、「BはAに対して500万円の支払を求める権利があるか」どうかが問題となっていましたね。
　これをここまで勉強してきた知識を活かして表現し直すと、次のようになります。

「BはAに対して500万円の支払を求める権利があるか。」
　　　↓
（a）BはAに対して、500万円の支払を求める債権を有しているか。
（b）AはBに対して、500万円を支払う債務を負っているか。

　（a）と（b）は、同じことをAとBのそれぞれの立場から表現したものです。
　先ほど債権や債務が発生する典型例は契約であることを説明しました。そして、今回の【問題】においても、AとBの間では契約が結ばれています。
　このとき、（a）と（b）の問いかけに対してどう答えればよいのでしょう

か？

　この答えにたどり着く前に、もう１つだけ知っておいてほしいことがあります。それは、「私的自治」という民法の大原則と、その例外についてです。「その４」では、これらについて勉強していきましょう。

> **まとめ**
>
> ●民法上の「権利」は、それが実現されない場合には最終的には裁判所を通じて強制することができるという特徴をもつ。
> ●権利と義務は主に契約によって発生し、その典型は売買契約である。売買契約が結ばれることによって、所有権という物権を取得・喪失したり、債権や債務が発生したりする。

その4
私的自治の原則とその例外

「私的自治の原則」とは？

　ここでは、**「私的自治の原則」**という民法の大原則について説明します。この原則は民法に条文の形で書かれているルールではありませんが、すべての条文の前提となっている考え方なので、とても重要です。

　私的自治の原則とは、**市民社会において人が権利を取得したり義務を負ったりするのは、自らの意思でそれを望んだときだけである**という原則をいいます。つまり、**自らの意思によらなければ権利を取得したり義務を負ったりすることはない**という原則です。
　この原則の背景にあるのは、「自分のことは自分で決める」という考え方です。

> なるほど、国家や他人から押しつけられて権利や義務が発生することはないんだね。

　憲法のところでは、「自由」という言葉のもつ意味を学びました。「自由」とは、**他の者（憲法では、特に国家）からの強制や干渉を受けないこと**をいいましたね。
　憲法では、**国家は個人個人の自由な経済活動の場を保障し、公共の福祉による最小限度の自由の制限以上には、個人の自由を制限すべきではない**という思想が生まれたのです。これが、自由主義と呼ばれる考え方です。私的自治の原則も、この自由主義の考え方を背景として成り立っているのです。

「契約自由の原則」の考え方

◆契約自由とは？

　私的自治の原則を「契約」の場面で具体化したものが、契約自由の原則と呼ばれる考え方です。

　私的自治の原則は「自らの意思」をすべての権利・義務の根拠としており、その背景には「自分のことは自分で決める」という考え方がありました。これを契約についてあてはめると、**どんな内容の契約も自由に締結できる**という、契約自由の原則につながります。

　以上の「私的自治の原則」と「契約自由の原則」は、民法を勉強するうえでの最も根本的な考え方になるものですので、しっかりと理解しておいてください。

◆問題にあてはめてみると……

　どんな内容の契約も自由に締結できるという意味での契約自由の原則が適用されるのであれば、112ページの【問題】についても、その原則があてはまるはずです。すると、AとBの間で結ばれた殺人をするという契約も、当然有効なものになると思われます。

> たしかに、私的自治や契約自由という考え方からは、そうなるね。でも、本当にそれでいいのかな？　民法が殺人の契約を認めてしまうのはちょっと怖い気がするけど……。

　そうですね。そこで、次に私的自治・契約自由の「例外」について勉強し、その点について考えていきましょう。

「例外」の必要性

> 私的自治や契約自由の「例外」ってどんなものなの？

　私的自治・契約自由の例外の典型例は、民法第90条です。

> **民法第 90 条**
> 公の秩序又は善良の風俗に反する法律行為は、無効とする。

「公の秩序又は善良の風俗」は、まとめて**公序良俗**と呼ばれています。ここでは、「公序良俗」とは社会の大多数の人が認める一般的な常識といったくらいの意味であり、「法律行為」とは契約のことを意味すると考えておいてください。

すると、民法第 90 条は、契約の内容が公序良俗に反する場合にはその契約は無効とされるということを意味していることがわかります。あまりに社会常識に反している契約は、裁判所の判断により無効なものとして扱われるというわけです。

> 公序良俗に違反する契約は、無効になるんだね。どうして民法第 90 条のような例外があるの？

憲法では、「自由や人権がある程度制限される社会のほうが国民は幸せになれる」ということや、公共の福祉について勉強しましたね。憲法は「国家と私人」の関係でしたが、「私人と私人」の関係を規律する民法においても、これと同じことがあてはまる場合があります。

つまり、たしかに「自由」というものは大切ですが、あまりに他人に不利益になる契約や、社会的に許されない契約については、「みんなの幸せ」のために、「自由」を制約する必要があるということです。

> 憲法で勉強した「みんなの幸せのために自由は制約される」という考え方は、民法でも通用するんだね。

問題にあてはめてみよう

では、以上の考え方を、112 ページの【問題】にあてはめてみましょう。
AとBは契約をしています。もし契約自由の原則をここでも貫くと「どん

な内容の契約も自由に締結できる」のですから、この契約も有効です。したがって、Bの請求は認められ、Bは勝訴するようにも思えます。

　しかし、もし裁判所がBの訴えを認めてしまったら、国の機関の1つである裁判所が公式に「殺人をする契約」というものを認めてしまうことを意味します。これはおかしいですね。
　そこで民法第90条の出番です。
　【問題】におけるAとBの契約も、裁判官により公序良俗に反していると判断され、民法第90条を根拠に無効とされます。契約が無効である以上、AはBに対して500万円を支払う義務を負っていないことになるので、Bは敗訴します。これが【問題】の答えです。

　今回の【問題】の契約のほかにも、次のものは公序良俗に反して無効とされます。

> - 犯罪行為をする契約
> - 性道徳に反する契約（売春など）
> - 賭博行為
> - 憲法の認める基本的価値に反する行為
>   （たとえば、企業が男女で異なる定年退職年齢を規則で定めた場合、その規則は憲法第14条の禁止する性別による差別にあたる）

> なるほど〜。これで私的自治という民法の大原則と、その例外について理解できたよ！

　そうですね。では次に、民法のもう一歩立ち入った議論を見ていきましょう。Part 7では「民法総則」について、Part 8では「物権法」について勉強していきます。

まとめ

- 民法では、権利や義務が発生するのは人が自らの意思でそれを望んだときだけであるという「私的自治の原則」が妥当している。この原則は、契約の場面においては、どんな内容の契約も自由に締結できるという「契約自由の原則」として表われる。
- 私的自治・契約自由という原則を常に貫くと弊害が生じるので、民法第90条など、私人が「本人の意思」によって契約をしても、その効力が国家によって否定される場合もある（私的自治・契約自由の例外）。

Part 7

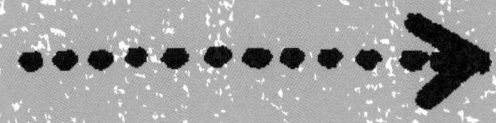

「勘違い」はどこまで許される？
【民法のエッセンス】

その1

意思表示
──意思を相手に伝える方法

　Part 6で民法の基礎を一通り勉強できたので、このPartでは、民法のエッセンスに迫っていきましょう。
　まずは、**意思表示**というキーワードを覚えてほしいと思います。「意思表示」という言葉は聞き慣れないものだと思いますが、実は、私たちが普段の生活でするさまざまな契約は、この意思表示によってなされています。
　つまり、私たちは普段、知らないうちにたくさんの意思表示をしているのです。次の【ケース1】を見てください。

【ケース1】
　Aは自分のもっている骨董品の壺を、知人であるBに100万円で売りたいと考えた。Aはその旨を伝える手紙をBに送ったところ、1週間後、Bから100万円で壺を買い受けるという返事があった。

　意思表示とは、**自分の意思を外部に表わすこと**をいいます。
　先ほど、自分の意思によってだけ権利や義務が発生するという私的自治の原則について勉強しましたね。しかし実際には、**法律上の権利や義務の発生のためには単に意思があるだけでは足りず、意思を外部に表わすことが必要**になります。

　「意思を外部に表わす」ってどういうこと？

　【ケース1】でいえば、「AがBに壺をある価格で売りたいと手紙で伝えたこと」は、Aが自分の意思を外部に表わしたことになりますので、意思表示にあたります（これを「**申込み**」の意思表示と呼びます）。同様に、「Bが壺

を買い受けるという返事をしたこと」も、意思表示にあたります（これを「**承諾**」の意思表示と呼びます）。

　このように、2つの意思表示が合致して、はじめて売買契約が成立し、法律上の権利や義務が発生します。

　【ケース1】では、Aは「壺を100万円で売る」という意思表示を、Bは「壺を100万円で買う」という意思表示をしています。また、2つの意思表示は合致しています。

> 2人の間では「壺を100万円で売る」という売買契約が成立しているんだね！

　そのとおりです。このように2つの意思表示が合致し、売買契約が成立しているため、Aには「壺をBに引き渡す義務」が生じ、Bには「100万円をAに支払う義務」が生じます。

意思表示の効力の問題

　以上が意思表示についての基礎的な知識です。これを前提として、次の【ケース2】を読んでみてください。

【ケース2】
　Aは自分のもっている骨董品の壺を、知人であるBに100万円で売りたいと考えた。Aはその旨を伝える手紙をBに送ろうとしたが、誤って「100,000円で壺を売りたい」と書いてしまった（うっかりゼロを1つ書き忘れていたので、10万円と書かれていたことになる）。1週間後、Bから10万円で壺を買い受けるという返事があった。

　【ケース2】では、Aは壺を100万円で売ろうと考えながら、10万円で売るという意思表示をしてしまっています。そして、Bはこれに応じて、壺を10万円で買うという意思表示をしています。したがって、外見上は「AがBに壺を代金10万円で売る契約」が結ばれているといえます。

　ではこのような場合、「壺を代金10万円で売る契約」が有効に成立し、A

はBに対し、10万円を受け取る代わりに壺を引き渡さなければならないのでしょうか？

> うーん、【ケース2】で「壺を代金10万円で売る契約」が有効に成立すると考えるとAがかわいそうな気もするなぁ……。

そうですね。【ケース2】の場合、法律的には、Aが間違えてしてしまった意思表示は有効なものといえるのかどうかが問題となります。これを、「**意思表示の効力**」の問題と呼びます。

意思と表示のズレ

意思表示の効力の問題とは、**表意者によって行なわれた意思表示が有効なものといえるのかどうか**という問題です。意思表示の効力が問題となるのは、主に「意思」と「表示」の間にズレが生じた場合です。

このことを理解するために、意思表示をもう少し詳しく分解してみましょう。すると、意思表示の過程としては、

- ステップ①　表意者がある**意思**をもち、
- ステップ②　その**意思**を外部に**表示**する

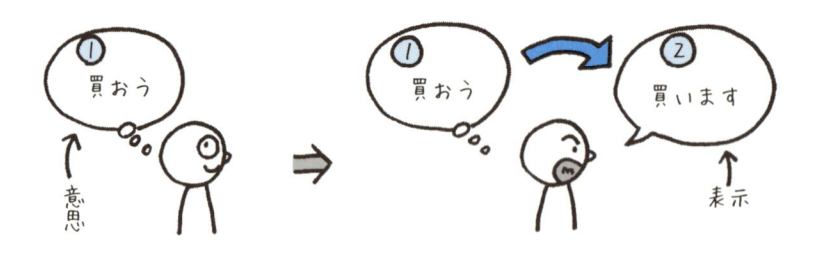

という2つのステップを踏むことがわかります（「**表意者**」とは、意思表示をする人のことをいいます）。

　この2つのステップを【ケース2】のAについて考えてみましょう。

　そもそもAの意思は「壺を100万円で売る」というものですね。一方、申込みの意思表示の内容は、「壺を10万円で売る」というものでした。

> あ、Aの意思は「100万円」、表示は「10万円」だから、意思と表示の間にズレがあるといえるね！

　民法では、このようなズレが生じた場合にどのように処理すべきかについて定められています。「その2」で紹介する民法第95条はその1つで、「**錯誤**（さくご）」と呼ばれています。

（意思「100万円で売ろう」 ≠ 表示「10万円で売ります」）

まとめ

- 法律上の権利や義務の発生のためには、意思表示が必要である。意思表示とは、自分の意思を外部に表わすことをいう。
- 「意思」と「表示」の間にズレが生じた場合には、意思表示の効力（意思表示が有効なものといえるかどうか）が問題となる。

その2 意思主義と表示主義
―― 2つの方向性

意思主義と表示主義の対立

◆2つの方向性

129ページの【ケース2】のように、意思と表示の間にズレが生じた場合には、2つの処理の方向性が考えられます。

1つは、**Aは意思に対応した表示をしていないのだから、そもそも申込みの意思表示をなかったことにする**という方向性です。このように考えれば、AとBの間で売買の効力は認められません。よって、Aはこの壺を10万円で手放さなくてもよいことになります。

> 勘違いしていたのだからしょうがないってことだね。

もう1つの方向性は、**BとしてはAが勘違いしていたかどうかなんて知ったことではないので、手紙に書いてあったとおりの内容の契約を認める**というものです。このように考えると、「AがBに壺を代金10万円で売る契約」が有効に成立します。よって、Aは泣く泣く壺を10万円で売らなければならないことになります。

> 勘違いしていたAが悪いんだし、10万円で壺を買えると思っていたBの期待を裏切ってはいけないと考えるんだね。

◆意思主義と表示主義

どちらの方向性が正しいのか、かなり迷いますね。実は、意思と表示との間にズレがあった場合にどう対処すべきかは、**「意思表示をするとなぜ法律上の効果が発生するのか?」**という問題に対してどう考えるかによって異な

ってくるのです。

これには2つの考え方があります。1つ目は、表意者の意思を重視する**「意思主義」**と呼ばれる考え方です。2つ目は、表示をされた相手方の信頼を重視する**「表示主義」**と呼ばれる考え方です。順に説明しましょう。

意思主義は、**意思表示によって法律上の効果が発生する根拠は、その人の「意思」にある**と考えます。その人が「○○という意思をもった」から「○○という法律上の効果が認められる」と考えるのです。

したがって、**法律上の効果が発生するためには、表示に対応する意思がなければなりません**。この考え方によると、Aの意思表示にはそれに対応する意思がないので、AとBの間の売買契約の成立を認めるべきではないという立場になります。

> 意思主義は、「その人の心の中」を重視するんだね。

一方、表示主義は、**意思表示によって法律上の効果が発生する根拠は、表示に対する相手の信頼を保護することにある**と考えます。内心の意思は相手からはわからないので、「この壺を10万円で売る」という意思表示を信頼したBとしては、あとになってから「やっぱりあの意思表示はなかったことにしてほしい」といわれると困ります。

そこで、**意思表示の効力を、表示された内容を基準に決めていく**のです。この考え方によると、**たとえ表示に対応する意思がなくても、有効な意思表示と考える**ことになります。よって、「AがBに壺を代金10万円で売る契約」は問題なく成立するという主張につながります。

> 表示主義は「相手の信頼の保護」を重視するから、表示されたとおりの内容の意思表示があったと考えるんだね。

以上をまとめると、**意思主義は「意思表示をした人（表意者）」の立場に立った考え方、表示主義は「意思表示を受けた相手」の立場に立った考え方**ということができます。

（図：意思主義と表示主義）

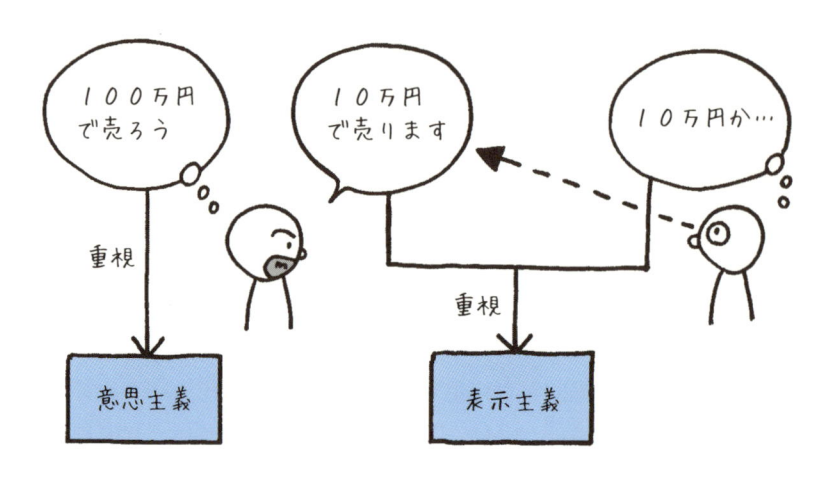

- 「100万円で売ろう」→ 重視 → 意思主義
- 「10万円で売ります」
- 「10万円か…」→ 重視 → 表示主義

意思主義と表示主義の背景

◆法律の奥深さへの冒険

今回の話はとても複雑でむずかしいと思うので、ここまでの話を一度整理しておきましょう。

問題となるのは、意思と表示の間にズレがある場合でしたね。たとえば、本当は壺を100万円で売ろうと思っていたのに、「10万円で売る」という意思表示をしてしまった場合がこれにあたります。

こうした際に、表意者の意思を重視する「意思主義」に立てば、売買契約の成立を否定すべきという主張となります。一方、意思表示を受けた相手の信頼保護を重視する「表示主義」に立てば、表示どおりの内容で売買契約の成立を認めるべきという主張につながります。

> 意思主義を採るか表示主義を採るかで正反対の結論になるんだね。ここまではOK！

さて、ポチくんもここまでで法的な考え方がだいぶ身についてきたと思うので、もう一歩「法律の奥深さ」へと踏み込んでみましょう。

> 「法律の奥深さ」って何？　気になる！

ここからは、**意思主義と表示主義というそれぞれの考え方の背後にある価値観を探る**という作業をしたいと思います。

意思主義と表示主義の対立の背後には、実はもっと根本的な価値観の対立が隠れています。この「根本的な価値観の対立」とは何かを探っていくことにより、法律の奥深さを体験してみましょう。

> おもしろそう！　早速探ってみよう！

◆意思主義の背景にあるもの──私的自治の原則

まず、意思主義という考え方の背後にはどのような価値観があるのでしょうか？

意思主義は意思表示をした人の「意思」を重視する考え方ですが、このような考え方をどこかで勉強したのを覚えていますか？

> 「意思の重視」というと……、あ、「私的自治の原則」もそういういい方をしていたような気がするよ！

そうですね。Part 6で勉強したように、民法の大原則は私的自治という考え方でした。これは、法律上の権利や義務の発生根拠を、その人の「意思」に求める考え方です。**意思主義は、この民法の大原則に忠実な考え方**であるといえます。

◆表示主義の背景にあるもの──相手の信頼と取引安全

一方、表示主義は私的自治の原則とは相容れないものなので、**民法の大原則に対する例外を重視する**考え方であるといえるでしょう。

> どうしてわざわざ民法の大原則とは反対の考え方があるの？

それは、もし私的自治の原則や意思主義を貫くと、**意思表示の相手が思わぬ損害を被ったり、誰も安心して取引ができなくなってしまう**からです。

129ページの【ケース2】を思い出してください。Bは壺を10万円で買えると思い込んでいて、売買契約を結んだ直後に、壺を保管するためのケースを購入したり、壺の運送を運送業者に依頼したりしてそれらの代金を支払ってしまったとしましょう。

それにもかかわらず、Aがあとから契約の成立を否定できてしまうと、Bが支出した費用はすべてむだになってしまいます。これが、「意思表示の相手が思わぬ損害を被る」ということの意味です。このような事態を防ぐために、**意思表示の相手の信頼は保護しなければならない**のです。

> 契約の成立が否定されてしまうと、Aの意思表示を信頼したBが損をしてしまうんだね。

また、意思主義の考え方のように簡単に契約の有効性が否定されてしまうと、誰も相手の意思表示を信頼することができず、安心して取引をすることができなくなります。

これは市場取引全体の停滞につながり、社会経済的にも不利益です。取引社会の秩序を維持することで**市場取引を円滑に進め経済活動を活性化させるためにも、表示に対する信頼を保護する必要がある**のです（このように、取引社会の秩序が乱されないようにすることを、「**取引安全の保護**」と呼びます）。

> 市場取引全体のことを考えても、安易に契約の有効性を否定すべきではないということがわかるね。

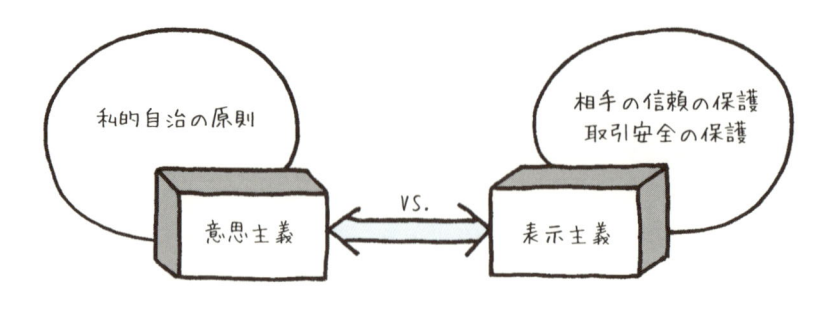

私的自治の原則　意思主義　vs.　表示主義　相手の信頼の保護　取引安全の保護

民法の態度──錯誤があれば意思表示を取り消せる

　ここからは、以上の議論が民法の規定ではどのように反映されているのかを見ていきましょう。まずは、錯誤について定めた民法第95条を見てください。

民法第95条
第1項　意思表示は、次に掲げる錯誤に基づくものであって、その錯誤が法律行為の目的及び取引上の社会通念に照らして重要なものであるときは、取り消すことができる。
　第1号　意思表示に対応する意思を欠く錯誤
　第2号　表意者が法律行為の基礎とした事情についてのその認識が真実に反する錯誤
第3項　錯誤が表意者の重大な過失によるものであった場合には、次に掲げる場合を除き、第1項の規定による意思表示の取消しをすることができない。（以下略）

　この条文を要約すると、**「錯誤のある意思表示は原則として取り消すことができる（第1項）。ただし、表意者に重大な過失があるときには意思表示を取り消すことができない（第3項）」**ということになります。
　まず前半部分から見ていきましょう。錯誤を定義すると、**表意者の言い間違いや勘違いなどにより、真意どおりの表示をしていない**ことをいいます。【ケース2】のAは、壺を100万円で売るつもりにもかかわらず、10万円で売るという意思表示をしてしまっているので、これは、民法第95条第1項第1号の錯誤にあたります。
　では、民法第95条第1項は錯誤のある意思表示は取り消すことができるとしていますが、この部分は、意思主義と表示主義のどちらに基づくものでしょうか？

> 意思と表示の間にズレがあった場合に契約の有効性を否定することを認めるのは、「表示」よりも「意思」を重視しているね。だから、意思主義に基づく考え方といえるんじゃない？

そうですね。錯誤のある意思表示を取り消すことができると定める民法第95条第1項の考え方は、自らの意思によらなければ権利を取得したり義務を負ったりすることはないという意味で、私的自治の原則や意思主義に基づくものであるといえます。

もっとも、民法第95条第3項では、表意者に重大な過失があるときには、意思表示を取り消すことはできないとされています。

「重大な過失」とは、**その事情の下で著しく注意を欠いていたこと**をいいます。たとえば、初歩的な書き間違いや内容をたしかめずに契約書に署名した場合などがこれにあたります。この場合、ある意味で「不注意だった表意者が悪い」といえるので、意思表示の取消しを認めなくてもやむを得ないと考えるわけです。

まとめ

- 意思表示をするとなぜ法律上の効果が発生するかという問いについては、意思主義と表示主義が対立している。
- 意思主義は、意思表示によって法律上の効果が発生する根拠はその人の「意思」にあると考える。その背景には、私的自治の原則という民法の大原則がある。
- 表示主義は、意思表示によって法律上の効果が発生する根拠は、表示に対する相手の信頼を保護することにあると考える。その背景には、相手の信頼保護と、取引安全の保護の必要性がある。
- 民法第95条によると、「錯誤のある意思表示は原則として取り消すことができる。ただし、表意者に重大な過失があるときには意思表示を取り消すことができない」ということになる。

その3 民法のエッセンス
――「本来あるべき姿」と「他人から見た外観」

民法のエッセンスとは？

　ここまでは、表意者の「意思」と表意者が実際にした「表示」のどちらを重視するかということを、意思主義と表示主義の対立として説明してきました。

　これはあくまで意思表示の場面で問題となる対立でしたが、この対立をもっと幅広い場面で使える表現にいい直すと、**「本来あるべき姿」**と**「他人から見た外観」**とがあった場合にどちらを重視すべきかの対立ということになります。**「本来あるべき姿」**とは、民法の原則のことです。**「他人から見た外観」**とは、取引をした相手の信頼のことです。

> 意思主義と表示主義の対立をより一般化すると、「本来あるべき姿」と「他人から見た外観」の対立ということになるんだね。

　「本来あるべき姿」と「他人から見た外観」の対立という考え方を、改めて意思表示の場合にあてはめてみましょう。**意思主義は、私的自治という民法の大原則、すなわち「本来あるべき姿」を大切にする考え方です。**

　129ページの【ケース2】でいえば、Aには壺を10万円で売る意思はないのでBとの売買契約は成立しないという意思主義の考え方が、「本来あるべき姿」だということです。

> 「本来あるべき姿」を重視すると、表意者の意思を大切にする意思主義につながるんだね。

一方、**表示主義は「他人から見た外観」を大切にしている**といえます。この考え方によると、**意思表示がほかの人からどう見えたか**が問題となります。
　先ほど、表示主義の背景には相手の信頼を保護し、取引安全の保護を図るという要請があると説明しました。これらの要請は、「他人から見た外観」を重視する立場から導かれるものなのです。

> 「他人から見た外観」を重視すると、
> 相手の信頼を大切にする表示主義につながるんだね。

　わざわざ意思表示の場面における意思主義と表示主義の対立を一般化し、上記のようにより幅広い場面で使える表現にいい直したのには理由があります。
　その理由とは、**「本来あるべき姿」と「他人から見た外観」の対立は、民法全体に共通するエッセンスだから**です。
　意思表示の場面における意思主義と表示主義の対立も、「本来あるべき姿」と「他人から見た外観」の対立の一場面に過ぎません。
　そして、「本来あるべき姿」と「他人から見た外観」の対立を調整する規定は先ほど説明した錯誤に関する民法第95条だけではなく、民法総則、物権法、債権法、相続法など、民法の至るところに存在します。

即時取得とは？

> 「本来あるべき姿」と「他人から見た外観」の対立が民法全体のエッセンスなら、他の場面でこの対立が現われることもあるの？

　この対立は、たとえば物権法の「**即時取得（民法第192条）**」と呼ばれる場面でも問題になります。このPartの最後に、「本来あるべき姿」と「他人から見た外観」の対立が問題となるもう1つの場面として、即時取得について説明することにしましょう。

民法第192条(即時取得)
　取引行為によって、平穏に、かつ、公然と動産の占有を始めた者は、善意であり、かつ、過失がないときは、即時にその動産について行使する権利を取得する。

　即時取得の説明に入る前に、ポチくんに質問です。次の２つの【ケース】において、Ｂは時計の所有権を取得する(時計がＢのものになる)と思いますか？

【ケース】
1　Ａが自分の時計をＢに売った。
2　ＡがＣから借りていた時計をＢに見せ、Ｂに売った。Ｂはその時計がＡのものだと誤信していた。

> 【ケース１】の場合は、もちろん時計はＢのものになるよね。【ケース２】の場合は、時計は本来Ｃのものでしょ？　いくらＡがＢに売ったとしても、Ｂが所有権を取得することはないと思うよ。

　【ケース１】についてはその結論で間違いありません。しかし、【ケース２】については必ずしもそうとはいえないのです。

> えっ、Ｃの時計をＡが勝手に売ってしまっただけなのに、それがＢのものになってしまうの？

　実は、そのような場合があることを定めたのが、先ほど紹介した民法第192条の即時取得の規定です。ポチくんがいったように、「ＡがＣの時計を勝手に売ろうとしてもＢが時計の所有権を取得することはない」というのが、民法の「本来あるべき姿」です。これが大原則になります。
　しかし、ここで先ほど勉強した、「他人から見た外観」が問題となります。たとえばポチくん、いま私が新品同様の六法全書をもっていて、それをポチ

くんに500円で売ってあげましょうといったとします。ポチくんならこれを買いますか？

> 500円だったら安いから、ぜひ買いたいな！

なるほど。しかし、もし私とポチくんとがこの六法全書の売買契約を結んだとしても、実はこれが私のものではないという可能性もありますよね。

この場合、先ほどの「本来あるべき姿」の考え方を貫く限り、ポチくんは私に500円を払ったにもかかわらず、六法全書はポチくんのものにならないことになってしまいます。

> たしかに、それは困るなぁ。普通は、いま六法全書を手にもっている人がその持ち主だと思ってしまうもんね。

そうなんです。このような場合に、たとえそれが他人のものであったとしても、民法第192条が掲げる一定の要件を満たす場合には、買主がその物の所有権を取得することができるとされています。これが「即時取得」の制度です。

これは、「他人から見た外観」への信頼を保護するための制度です。ここでいう「他人から見た外観」とは、「物を実際にもっている人は、その物の所有者であるように見える」ということです。

> 他人の物を売っても買主が所有権を取得することはないのが「本来あるべき姿」だよね。でも例外的に、「他人から見た外観」を重視して、買主が所有権を取得できる場合があるということ！

即時取得が成立するための具体的な要件は民法第192条に書かれていますが、その詳しい意味について興味がある人は、民法の教科書を読んでみてください。

ここで押さえておいてほしいことは、民法のエッセンスの1つは「本来あ

るべき姿」と「他人から見た外観」の対立であるということです。その対立が現われてくる場面として、意思表示や即時取得の場面などがあるのです。

> 「本来あるべき姿」と「他人から見た外観」の対立は民法全体に妥当するエッセンスだから、これからも民法を勉強していけば、この対立に出くわすことがあるっていうことだよね。

まとめ

- 「本来あるべき姿」と「他人から見た外観」の対立が、民法全体のエッセンスである。その対立が現われてくる場面として、意思表示や即時取得の場面などがある。

Part 8

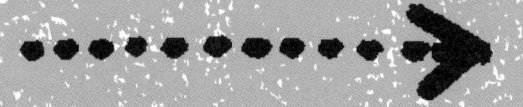

先に買ったのに損をする！
【二重譲渡と公示の原則】

その1
はじめに
──先に買ったのに損をする？

　Part 6 で民法の全体像を勉強しましたが、この Part では第 2 編の **物権法** について勉強します。
　この Part では、普通の人からすると非常識で理解できないとも思える法律の議論が展開されるので、覚悟しておいてくださいね（笑）。

> 何だかちょっとこわいな〜。普通の人には非常識で理解できない議論って、どんなものなの？

　まずは次の【ケース】を見てください。

【ケース】
　AがBに自分の時計を1万円で売った。Bはその場で1万円を支払ったが、時計をBに渡すのは1週間後と約束した。翌日、AはCにも同じ時計を1万5千円で売り、その場で時計をCに渡した。

　ここでポチくんに質問です。このとき、時計は誰のものになると思いますか？

> 何だかおかしな【ケース】だね。BがAから先に時計を買ってお金も払っているんだから、Bのものになるに決まってるでしょ？

　やはりポチくんはよい生徒ですね（笑）。それが期待どおりの答えです。実はこのとき、ポチくんの答えとは反対に、時計はCのものになるというの

が民法の立場です。

> えっ？？ CはBよりあとに時計を買っているのに、どうしてBのものではなくCのものになるの？

　一般的な常識からすると、もっともな質問ですね。しかし**民法では、「1つの物を二度売る」**ことも可能とされています（これを「**二重譲渡**」と呼びます）。
　そして、場合によっては今回の【ケース】のように、**先に物を買った人（B）ではなく、あとから物を買った人（C）がその物の所有権を取得してしまう場合もある**んです。

> 本当にそんなことがあるの？　信じられないなぁ！

　驚くのも無理ないかもしれませんが、本当なんです。しかも実は、このようなことがいえる理由は、先ほど勉強した「民法のエッセンス」と深く関わっています。
　この Part では、民法のエッセンスを意識しつつ、「あとから物を買い受けた人がその物の所有権を取得するのはなぜか」という問題を考えていきましょう。

その2

物権変動と公示の原則
―― 登記や引渡しをお忘れなく！

物権変動とは？

　物権法における「**物権**」とは、物に対する権利のことをいいましたね。そして、物権の代表格は**所有権**です。所有権以外にも重要な物権はたくさんありますが、ここでは話をわかりやすくするため、物権といえば所有権のことを指すことにします。

　そして、**物権はAからBへ、BからCへと移転していく**ものです。

　たとえば、ポチくんが友達に時計を売ると、時計の所有権はポチくんから友達へと移転します。これは、ポチくんは時計の所有権を失い、代わりに友達が時計の所有権を取得したことを意味しています。このように、**誰かが物権を取得したり失ったりすること**を、全部ひっくるめて**物権変動**と呼びます。

　「物権変動」という言葉は、これから勉強する「公示の原則」や「二重譲渡」の場面で何度も出てきますので、しっかりと覚えておいてください。

公示の原則とは？

物権変動を考えるにあたって最も重要な原則が、**公示の原則**と呼ばれるものです。公示の原則とは、**物権変動を第三者に主張するためには公示方法を備える必要がある**という原則をいいます。

> ？？　全然意味がわからないなぁ……。
> 「物権変動を主張する」っていうのはどういう意味？

ここでは、「物権変動を主張する」とは、他人に対して「私がこの家を買ったから、家から出て行ってくれ」と主張したり、「私がこの時計を買ったから、時計を渡してくれ」と主張したりすることと考えておいてください。

> なるほど。じゃあ、「公示」とか「公示方法」っていうのはどういう意味？

「公示」とは、あることを"公"（みんな＝他人）に"示"すことを意味します。「公示方法」とは、**物権変動があったことを他人に示すための手段**という意味です。公示方法は、以下に紹介する民法第177条と民法第178条に定められています。いまはこれらの条文の詳しい意味はわからなくても大丈夫ですが、民法第177条が**不動産の公示方法は「登記」である**ことを、民法第178条が**動産の公示方法は「引渡し」である**ことを定めているということだけは、しっかりと覚えておいてください。

なお、**不動産とは土地や建物のこと**です。これらは簡単に動かすことができない物なので、「不動」産と呼ばれています。一方、**動産とは「不動産以外の物すべて」**を指します。これらは容易に動かせる物なので「動」産と呼ばれています。たとえば、家やビルは不動産にあたり、車・本・携帯電話などは動産にあたります。

では、民法第177条と民法第178条を見てみましょう。

民法第177条

不動産に関する物権の得喪及び変更は、不動産登記法（平成16年法律第

123号）その他の登記に関する法律の定めるところに従いその登記をしなければ、第三者に対抗することができない。

民法第178条
　動産に関する物権の譲渡は、その動産の引渡しがなければ、第三者に対抗することができない。

> 民法第177条には「登記」という言葉が、民法第178条には「引渡し」という言葉が登場しているね。でも、そもそも「登記」とか「引渡し」っていうのはどういう意味なの？

　「登記」とは、**国が作成・管理する登記簿に物権変動の事実と内容を記載すること**をいいます。国の機関（法務局）が登記簿という記録帳をもっていて、不動産を売り買いした人は、そのつど手続をして、登記簿に記録しなくてはなりません。
　この制度により、**新たに不動産を買おうとしている人は、登記簿を見れば誰が所有者であるかどうかがわかるという仕組み**です。

　一方、動産における「**引渡し**」ですが、たとえば、ポチくんが友達から本を買った場合、実際にその本を友達から受け取れば、それにより引渡しを受けたことになります。
　公示の原則を少し詳しく説明すると、次のようになります。まずはこの結論をしっかりと頭に入れてください（公示の原則で物権の「喪失」が問題となることは少ないので、物権変動のうち、ここでは特に物権の「取得」について扱います）。

　物権を取得しても、不動産なら「登記」、動産なら「引渡し」を受けていないと、第三者に対して主張することができず、第三者との関係では物権を取得していないものとして扱われてしまう。
　つまり、①「売買契約などによって物権を取得」し、さらに②「登記や引

渡しを受ける」という2つのことをして、はじめて第三者に対しても主張できる物権を取得することができるといえる。

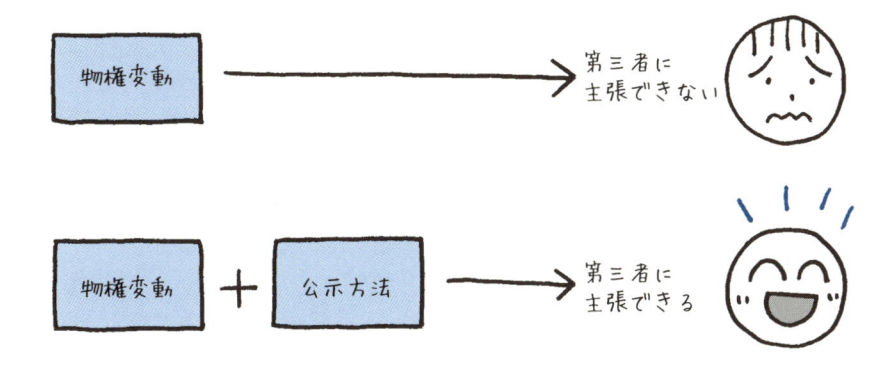

物権変動 → 第三者に主張できない

物権変動 ＋ 公示方法 → 第三者に主張できる

> **まとめ**
> ● 誰かが物権を取得したり喪失したりすることを、「物権変動」と呼ぶ。
> ● 公示の原則とは、「物権変動を第三者に主張するためには公示方法を備える必要がある」という原則をいう。「公示方法」とは、「物権変動があったことを他人に示すための手段」のことである。
> ● 物権を取得しても、不動産なら「登記」、動産なら「引渡し」を受けていないと、第三者に対して主張することができず、第三者との関係では物権を取得していないものとして扱われてしまう。

その3

二重譲渡
―― 1つの物は二度売れる

「世間の常識」と「法律の世界の常識」のズレ

> 公示の原則の意味は何となくわかったけど、まだ具体的にイメージできないなぁ。もし、登記や引渡しをしなかったら、実際にはどうなってしまうの？

　登記や引渡しといった公示方法を備えていない場合であっても、買主は一応、その物の所有権を取得しますので、売主や買主以外の「第三者」が登場しない限り、物を使ったり他の人に売ったりすることができます。
　たとえばAがBに家を売った場合、たとえBが登記をしていなかったとしても、Bは一応、その家の所有権を取得します。したがって、Bはこの家を自由に使うことができます。

> あれ、じゃあ登記や引渡しをしていなくても問題ないの？

　いえ、売主と買主以外の「第三者」が登場した場合には、登記や引渡しをしていないと困ったことになります。**登記や引渡しをしていないと、その物権変動を第三者に主張することはできません。**
　このことが特に問題となる典型例は、**「二重譲渡」**と呼ばれる次のような【ケース】です（この【ケース】では、Cが「第三者」にあたります）。

【ケース】
　AがBに自分の家を売ったが、Bは家の代金を支払ったものの、登記を移すのが面倒でまだそれをしていなかった。その後、Aはまだ登記は自分のと

ころにあることを利用して、Cにその家を売ろうと考えた。Aから「家を売りたい」という申し出を受けたCが登記簿を確認すると、Aがその家の所有者であると記載されていたので、Cは家を買った。その後、Cは自分がその家の所有者である旨の登記をし、そこに住み始めた。

後日、Bはこの家は自分のものであるからCに出て行ってほしいと考え、Cに立ち退きを求めた。

> 「二重譲渡」って、このPartの最初に出てきたね。

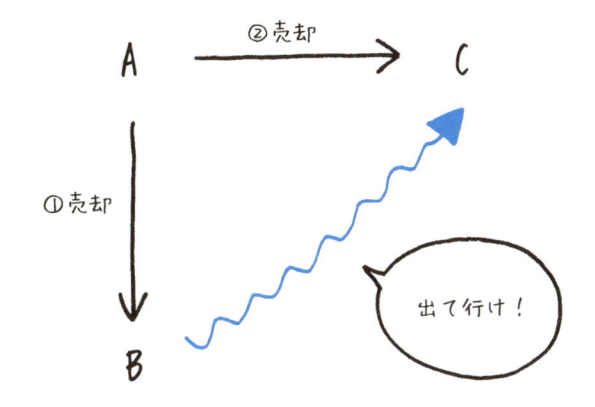

```
       ②売却
   A ─────────→ C
   │           ↑
   │①売却      │
   │         〜〜〜
   ↓        「出て行け！」
   B
```

そうですね。まずは、この【ケース】においてBはCに家から出て行くよう請求することができるかを考えてみてください。このような請求ができるかどうかは、この家の所有権がBにあると認められるかどうかにかかっています。

Aは自分の家をBとCの2人に売っていますが、この場合、この家は誰のものになると思いますか？

> 先に家を買っているのはBでしょ？　家はBのものになると思うんだけど、違うのかな？

常識的に考えるとそのようにも思えますね。つまり、「BはAから家を買

った時点でその所有権を取得し、Aは所有権を失った。家の所有権をもっていないAから家を買っても、Cが所有権を取得することはできない。よって、先に家を買ったBが家の所有権をもっていることになる」。

　ポチくんはこのように考えたのでしょう。これはこれで筋のとおった考え方だとは思います。

　しかしここで、「**公示の原則**」を思い出してみましょう。公示の原則とは、物権変動を第三者に主張するためには、公示方法を備える必要があるという原則でした。これを今回の【ケース】にあてはめると、次のようになります。

【二重譲渡のケースに公示の原則をあてはめると】

　BはAから家を買っているから、Bが家の所有権を取得した。これは物権変動にあたる。

⬇

　公示の原則により、Bがこの所有権取得を第三者であるCに主張するためには、公示方法を備える必要がある。

⬇

　家は不動産であるから、その公示方法は登記であるところ、Bはまだ登記を得ていない。

⬇

　したがって、BはAから家の所有権を取得したという物権変動をCに対して主張できない。

⬇

　その結果、BはCとの関係では家の所有者と認められないことから、Cに対して家から出て行けと請求することはできない。

> ちょっと待って？　これって本当？　Bは先に家を買ってお金も支払っているのに、自分で家を使うことができないの？

　ポチくんが驚くのも無理はありませんが、日本の民法においては、以上の

議論が正しいことになります。

　先に家を買ったBは、いったん所有権を取得しているにもかかわらず、その後に同じ家を買って登記を備えたCに敗れてしまいます。BはCに「自分が家の所有者だから出て行け」ということはできないのです。

> ちょっと信じられないなぁ。そもそもAは先に家をBに売ったんでしょ？　なのになぜ、もう一度同じ家をCに売ることができるの？

　この点は、いわば、**「世間の常識」と「法律の世界の常識」が完全に食い違っている**部分です。

　このPartの冒頭で述べたとおり、法律の世界では**物の二重譲渡が可能である**と考えられています。つまり、1つの物を、AからB、その後にAからCへと譲り渡すことができるのです。公示の原則を理解するためには、その前提として、二重譲渡についてしっかりと理解しておくことが必要となります。そこで、なぜそもそも二重譲渡が可能と考えられているのか、その理論的な根拠を見ていくことにしましょう。

※なお、146ページの【ケース】では時計という「動産」の二重譲渡が問題となっていたのに対し、今回の【ケース】では家という「不動産」の二重譲渡が問題となっている点に注意してください。以下では、今回の【ケース】を前提として、主に不動産の二重譲渡について説明します。

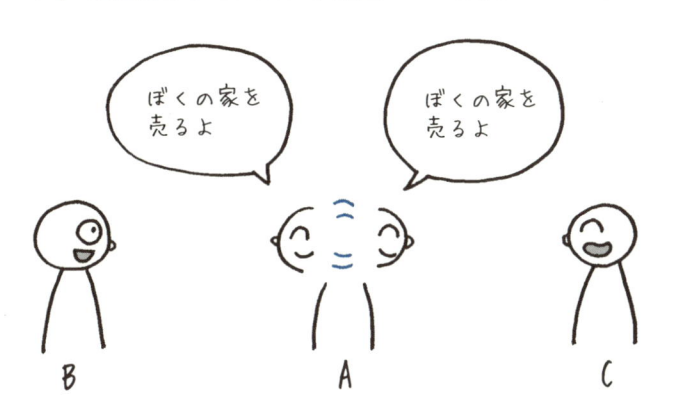

二重譲渡の論理的根拠

　民法で二重譲渡が認められている理論的な根拠としては、売買などによる**所有権の移転は、公示を備えるまでは、まだ「不完全な」物権変動であるか**らだと考えられています。登記がなくても物権変動は一応生じますが、第三者に対しては主張できない「不完全」な物権が移転するだけだと考えます。**買主が第三者に対しても主張することのできる「完全な」物権を取得するためには、登記を備える必要がある**というわけです。

> うーん、「1つの物」であることに変わりはないんだから、それを二重に譲渡できるっていう理論にはまだ違和感があるんだけど……。

　では、所有権というものを石のような「1つの固まり」ではなく、柔らかく、伸縮自由なゴムの固まりのようなものだとイメージしてみてください（次ページ図を参照）。

　今回の【ケース】でいうと、まずAからBへと所有権が移転すると、ゴムの固まりの一部が形を変えてBのほうに引っ張られます（図①）。ところが、Aにもゴムの固まりの本体は残っていますので、それをCへと譲渡することも可能です。

　すると、Cも同じように、ゴムの固まりの一部を自分のほうへと引っ張ってくることができます（図②）。この時点では、BにもCにも、Aから引っ張ってきたゴムの固まりの一部があります。これが、BとCが「不完全な」物権を有している二重譲渡の状態です。

> だんだんわかってきたよ！
> じゃあ、どちらかが登記を備えたらどうなるの？

　今回の【ケース】のようにCが登記を備えた場合、Cがぐいっとゴムを引っ張ることができるので、Bはゴムを手放さざるを得ません。そうすると、ゴムは一気に縮んで、Cのところにパチンと集まってくるのです（図③）。

　この段階では、ゴムの固まりはすべてCの下にあり、A・Bの下にはあり

ません。これは、Cが完全な所有権を取得した状態です。

> なるほどー！　所有権をゴムのように柔らかいものだとイメージしたら、二重譲渡の意味がわかったよ！

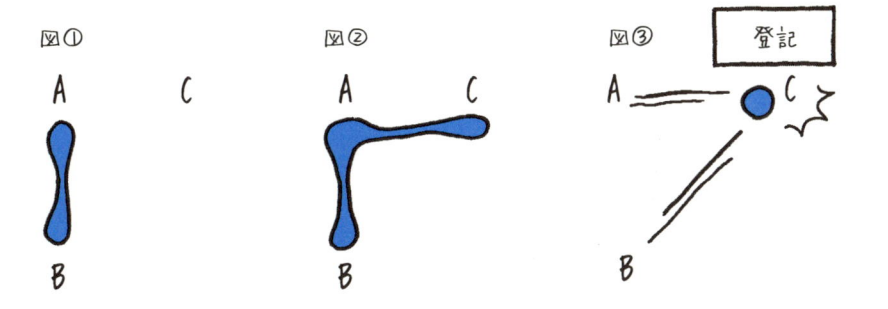

図①　図②　図③　登記

まとめ

- 公示の原則は、典型的には二重譲渡の場面で問題となる。
- 所有権の取得などの物権変動は、登記を備えるまでは、まだ「不完全」であると考えられている。したがって、登記がない状態では、第三者に対しては主張することのできない「不完全な」物権が移転するに過ぎない。このように考えることで、二重譲渡が理論的に可能になる。

その4

公示の原則の根拠

民法のエッセンスとの関係——「他人から見た外観」の重視

> 二重譲渡については理解できたから、次はいよいよ公示の原則についてだね。民法では、どうして公示の原則というものが認められているの？

　その秘密を知るカギは、Part 7で学んだ「民法のエッセンス」に隠されています。民法のエッセンスは、「本来あるべき姿」と「他人から見た外観」との対立にありましたね。結論からいうと、**公示の原則は「他人から見た外観」を重視する考え方**であるといえます。
　Part 7では、意思表示の場面において「他人から見た外観」を重視する立場として、「**表示主義**」を勉強しましたね。
　ポチくん、この立場の背景にはどのような考え方があったか覚えていますか？

> たしか、①意思表示の相手の信頼保護と、②取引安全の保護という考え方があったよね。

　よく覚えていましたね。**私的自治の原則や意思主義**といった「本来あるべき姿」を貫くと、意思表示の相手が思わぬ損害を被ったり、取引の安全が損なわれたりすることになりかねません。そのようなことがないよう、「他人から見た外観」も考慮しなければいけないということは説明しましたね。
　そして実は、二重譲渡における公示の原則の場面についてもこれと同じことがいえるのです。ここでは以下のような論理のつながりになります。

※二重譲渡では「相手」の信頼ではなく「第三者」の信頼が問題となる点に注意してください。

- 「本来あるべき姿」の重視
  → BはAから家を買ったことで家の所有権を取得しているので、それだけで第三者に対して所有権を主張できる。
- 「他人から見た外観」の重視
  → ①第三者の信頼保護と②取引安全の保護の要請
  → 公示の原則
  → 公示方法でもある登記を備えるまで、Bは第三者に対して所有権を主張できない。

公示の原則の必要性――「第三者」の立場

> どうして第三者の信頼保護と取引安全の保護という考え方が公示の原則と結びつくの？

その答えは、ポチくん自身がCの立場に立って152ページの【ケース】をもう一度考えてみるとわかるでしょう。この【ケース】をCの目線から見ると次のようになります。

152ページの【ケース ※Cの目線】

ある日、AがCのところに来て、自分の家を買わないかともちかけてきた。ちょうど手頃な家を探していたCは、登記簿を確認すると、その家はたしかにAのものであると記載されていた。そこでCはその家を購入することにして、代金を支払った。その後、登記をC名義に移すとともに、そこに住み始めた。しばらくして、見知らぬBという人物が突然「自分が先にこの家を買ったのだから出て行け」といってきた。

さて、ポチくんがもしCの立場だったら、Bの主張に対してどのように感

じますか？

> Bの主張はいいがかりだよ！ こっちはしっかり誰が家の所有者かということを登記で確認していたし、家の代金もAに払っちゃったし……。

　ポチくんの主張はもっともです。そして、いまポチくんがいってくれたことこそが、公示の原則が認められている理由なのです。
　Cの立場からすれば、①第一に、**Cは登記を見てAが家の所有者であることを確認したのですから、あとになってBから「本当は自分が先に買った」といわれても困ります**よね。
　②第二に、Bの言い分が認められてしまっては、家を買うときに誰が所有者かを登記で確認しても意味がなくなります。それでは**家を買うときに登記さえも信用できなくなり、誰も安心して家を買えなくなってしまう**のです。

　以下では、この①と②の点から、「第三者の信頼保護」と「取引安全の保護」という考え方が公示の原則と結びつく理由を説明していきます。

　まず、①についてです。「Cは家の代金も払ってしまったし、Bがあとになって『本当は自分が先に買った』といってきても困る」という主張は、

「第三者の信頼保護」という考え方につながります。

　もし、公示方法（登記）を備えることなくBの主張を無制限に認めてしまうと、登記の記載を信頼して取引関係に入った第三者Cに思わぬ不利益が生じてしまうのです。このようなことがないよう第三者の信頼を保護する必要があり、そのためのルールが公示の原則なのです。

　次に、②についてです。「もしBの言い分が認められてしまっては登記さえも信用できなくなり、誰も安心して家を買えなくなる」という主張は、「取引安全の保護」という考え方につながります。

　すなわち、登記をしなくても物権の取得を第三者に主張できるとしてしまうと、誰も登記というものを信用できなくなってしまい、みんなが安心して取引をすることができなくなります。このようなことがないよう取引安全を保護する必要があり、そのためのルールが公示の原則なのです。

> あとから家を買ったCの立場に立ってみると、①第三者の信頼と、②取引安全を保護するために公示の原則が必要だということの意味がわかるんだね。

　このように公示の原則は、①第三者の信頼保護と、②取引安全の保護に役立ち、ひいては「他人から見た外観」の重視につながります。これが公示の原則が必要となる理由です。

公示の原則の許容性――不利益を受ける人の観点

　次に、公示の原則によって不利益を受ける人の立場から、公示の原則を考えてみましょう。152ページの【ケース】でいうと、Bの視点です。

　今回の【ケース】では、なぜBに対して不利益を強いることが許されるのでしょうか？　法律の世界では、ある人に不利益を強いるためには、それに応じた帰責性が必要だとされています。帰責性とは、「人に不利益を負担させるのがやむを得ないとされる事情」のことをいいます。

　簡単にいうと、Bに不利益を強いることが許されるためには、Bの自業自得であるといえる必要があるということです。

　では、今回の【ケース】でBには帰責性があるといえるでしょうか？

> Bの自業自得か……。あっ、「Bは登記を移すのが面倒でさぼっていた」ということは、自業自得といえるんじゃないかな？

　正解です！　一般に、不動産の所有権を取得したら、それが他の人にもわかるよう、登記の名義を移しておく必要があるとされています。
　よって、登記を移すのをさぼっていたBは、その点につき帰責性があるのです。「Bは登記を移すことをさぼっていたから不利益を受けてもしかたない」と考えるわけですね。
　以上を一般化すると、次のようになります。

　不動産を買ったにもかかわらず登記を移していなかった者は、物権変動があったらすぐに登記をしてそのことを公に示すべきだったのに、怠けてそれをしていなかったのだから、一定の不利益を受けてもやむを得ない。

　公示の原則は、**「家や土地を買ったのに登記をしないでほったらかしにするような人は損をしてしまう」というルールをつくることで、みんなが物権変動に対応した登記をすぐにするよう促す制度**なのです。

> 公示の原則があるからこそ登記制度が促進されて、みんなが安心して活発に取引できる社会になるんだね！

まとめ

- 公示の原則は「他人から見た外観」を重視する考え方である。具体的には、①第三者の信頼を保護し、②取引安全を保護するための原則である。
- 不動産を買ったにもかかわらず怠けて登記を移していなかった者は一定の不利益を受けてもやむを得ないというのも、公示の原則の1つの根拠となる。

Part 9

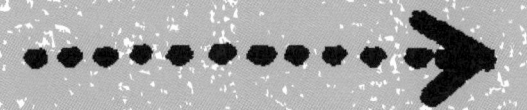

会社は誰のもの？
【株式会社の仕組み】

その1 この世に会社がある理由

はじめに

これまで憲法、民法と勉強してきましたが、次は会社法です。

平成17年の法改正によって商法のなかから会社に関する規定が独立し、「会社法」という名の新しい法律が生まれました。一般的に、「六法」として数えられるのは会社法ではなく商法ですが、商法の勉強を始めるにあたっては、まず会社法について知ることが重要です。そこでこのPartでは、会社法について学んでいくことにします（なお、会社法の勉強では特に**株式会社**についての議論が中心になるので、これ以降「会社」といえば「株式会社」のことを指すことにします）。

会社法についての説明の前に、ポチくんに1つ質問です。会社は何のために存在すると思いますか？

> そんな当たり前のこといままで考えたことがなかったけど、お客さんに商品やサービスを提供して、お金を稼ぐために存在するんだと思うよ。

なるほど、たしかにそのとおりです。しかし実は、商品やサービスを提供したりお金を稼いだりするためには、必ずしも会社をつくる必要はなく、それを個人で行なうことも可能です。

ではなぜ、会社という存在が必要になるのでしょうか？ 会社には2つの存在意義があります。まずはこの2つを見てみましょう。

◆①たくさんお金を儲けられる

会社の存在意義の1つ目は、たくさんお金を儲けられるという点が挙げられます。ここでは、「たくさん」というところがポイントです。

会社とは、**たくさんの人が少しずつもっている資本（お金）を1か所に集め、大規模な事業を行なうことを可能にする仕組み**であるということができます。

　たとえば、5万円をもっている人が全国に1,000人いるところを想像してみてください。それぞれの人が個人で事業を始めたとしても、各々の元手は5万円ずつですから、それほど大きな事業を始めることはできませんね。

　しかし、この1,000人がお金を持ち寄り、経営の才能のある人たちに経営を任せて、共同で事業を始めることにしたらどうでしょうか？

　この場合、彼らには5,000万円の元手があり、しかも才能のある人たちによって経営が行なわれることになるため、**一人ひとりがバラバラに事業をする場合よりも大きな事業を効率的に行なうことができ、より多くの収益が期待できる**のです。

　したがって、**会社は個人で事業を行なうよりもたくさんのお金を儲けるために存在する**ということができます。

> 一人で事業をするよりも、
> 会社のほうがたくさんお金を儲けることができるんだね！

　ちなみに、株式会社は「**株式**」というものを発行することによって、多くの人からお金を集めることになります。この点については、あとでしっかりと説明します。

◆②権利や義務の主体になれる

　また、単に事業を大規模にするというだけではなく、会社は法人とされているという点も重要です。これが会社の存在意義の2つ目です。

会社法第3条
　会社は、法人とする。

　会社が法人であるとは、**自然人と同じように権利や義務の主体となることができる**ということを意味します（「自然人」とは、私たちのような「人間」

をいいます）。**会社という「人の集まり」が、あたかも一人の自然人のように扱われる**ことになるということです。

「権利や義務の主体になる」っていうのはどういう意味？

「権利や義務の主体となる」とは、**その人や団体の名義で物を所有したり契約を結んだりすることができる**ということです。

わが国では、権利や義務の主体となることができるのは**自然人**と**法人**（会社などの「人の集まり」）であるとされています。そして民法第33条第1項は、人の集まりが法人として認められるのは、法律で特に定められている場合に限るとしています[8]。

したがって、単に何人かが集まって団体をつくっても、それがいきなり法人として扱われることはありません。たとえば、ポチくんが友達とサークルをつくったとしても、サークルという団体は法人ではないので、権利や義務の主体とはなれません。

どうして会社は法人とされているの？

それは、会社を法人としておかないと、さまざまな点で面倒なことが起こり、大規模な事業を展開することがむずかしくなってしまうからです。

「面倒なこと」の例として、前ページに出てきた例のように、1,000人が共同して事業を始める場合を想像してみてください。

この場合に、会社のビルを建てるために土地を買ったとします。もっとも、もし会社が法人ではないとすると、「会社が土地を所有する」ことはできません。

そこで、法律的には「1,000人が土地を共同で所有する」という形式を採ることが考えられます。このようにすると、土地の登記は1,000人全員の名でする必要が出てきます。

しかし、実際に1,000人の名前を並べて登記したり、そのうちの一人でも

---

[8] 民法第33条第1項「法人は、この法律その他の法律の規定によらなければ、成立しない。」

会社をやめたらそのつど登記を変更しなくてはならないとしたりすると、とても面倒です。

これは一例に過ぎませんが、会社を法人としないと、このような不都合が多く生じてしまうのです。

> 会社が法人であれば権利の主体になれるから、「会社が土地を所有する」こともできるんだ！　そうすればこのような不都合は生じないよね。

まとめ

- 会社の存在意義の1つ目として、「たくさんお金を儲けられる」という点が挙げられる。会社はたくさんの人が少しずつもっている資本を1か所に集め、大規模な事業を行なうことを可能にする仕組みである。
- 会社の存在意義の2つ目として、「権利や義務の主体になれる」という点が挙げられる。会社が法人として権利や義務の主体になれるということにしておかないと、さまざまな点で面倒なことが起こり、大規模な事業を展開することがむずかしくなってしまう。

その2
株主は会社の所有者

2つの質問

　先ほども述べましたが、会社法の中心となるのは「**株式会社**」についての勉強です。株式会社について理解するためには、「**株式**」について知る必要があります。

　「株」とか「株式」などといった言葉は、日常用語としてもよく使われますね。「○○社の株をもっている」とか「株で儲けた」という表現を耳にします（一般に「株」と呼ばれているものは、「株式」のことを指します。なお、「株券」とは、株式を紙に書き表わしたものをいいます）。

　よく「株を買う」という表現も耳にしますが、これを法律的にいうと、「株式を買う」または「株主になる」ということになります。

　ここでポチくんに質問です。「株式を買う（株主になる）」ことにはどのような意味があると思いますか？

> 株式を株価が安いときに買って高いときに売ることで、お金を増やすことができるよね。株式を買うということは、「投資の手段」とか、「お金を有効活用するための方法」といえるんじゃないかな？

　なかなかよい答えですね。
　では、もう1つだけ質問させてください。「会社は誰のものか？」と聞かれたら、何と答えるでしょうか？

> 会社で一番偉いのは社長だから、会社は社長のものだと思うよ！

なるほど。一般的なイメージからすれば、たしかにそのようにいえそうですね。

いま私は、「株式（株主）」と「会社」について、それぞれ質問しました。質問に対するポチくんの答えは、株式（株主）や会社というものの一面を説明できていると思います。しかし法律的にいうと、ポチくんの答えはそれらの本質をとらえたものとはいえません。

実は、第一の質問である「株式をもつ（株主になる）ことの意味」については、**「株式をもつ（株主になる）」ということは「会社が自分のものになる」ということを意味する**というのが正解です。

また、第二の質問である「会社は誰のものか」という点については、**「会社は株主のものである」**というのが正解です。

もっとも、この2つの答えは「ある事実」を違う言葉で表現したに過ぎません。ここでいう「ある事実」とは、**株主（株式をもっている人）は会社の所有者である**ということです。以下では、この言葉の意味を理解することによって、株式会社の基本的な仕組みを勉強していきましょう。

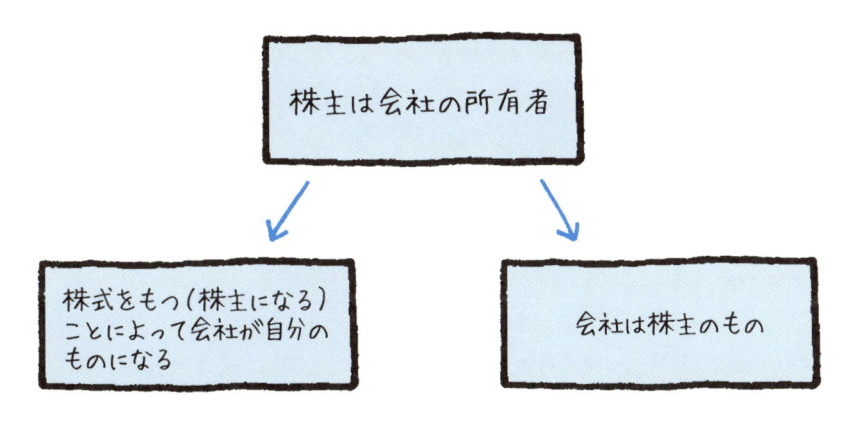

```
         株主は会社の所有者
         ↙            ↘
株式をもつ（株主になる）    会社は株主のもの
ことによって会社が自分の
ものになる
```

何だか、いままで株式や会社にもっていたイメージとずいぶん違うなぁ。

たしかに、いきなりこのようにいっても理解することはむずかしいですね。では、「株主は会社の所有者である」という言葉の意味を説明する前に、その前提知識として、まずは会社が株式を発行する目的から説明していきます。

会社が株式を発行する目的

会社が株式を発行する目的については、会社の存在意義を思い出してもらえると理解しやすいと思います。

会社とは、たくさんの人が少しずつもっている資本を集め、大規模な事業を行なうことを可能にする仕組みでしたね。

そして、**会社は株式を発行して株主となる人たちに売ることによって、大規模な事業を展開していくのに必要な資金を集める**のです。つまり、**会社が株式を発行する目的は、事業をするのに必要な資金を集めること**にあります。

> 会社は事業に必要なお金を集めるために株式を発行するということだね。

そのとおりです。このことは「株主は会社の所有者である」という言葉の意味を理解するために必要な知識ですので、しっかりと頭に入れておいてください。

「株主は会社の所有者である」の意味

◆「株主は会社の所有者である」の2つの意味

ではいよいよ本題です。「**株主は会社の所有者である**」とは、一体何を意味しているのでしょうか？

「会社が株式を発行する目的」のところでは、会社は株式を売ることによって事業に必要な資金を集めるという説明をしましたね。

では、**なぜ株主は会社にお金を払うかというと、株主はそれによって会社の所有者になることができるから**なのです。

もう少し現実に即したいい方をすると、**株主は「会社を所有することによるメリット（株主の権利）」を期待して、会社にお金を払う**ということです

（このメリットについてはあとで説明します）。

　なお、株式を買う人のなかには、株価が値上がりしたときに株式を売ることで利益を上げることを目的とする人もいますが、以下では、株式をもっていること自体によるメリットのみに着目して説明していきます。

> 会社は資金を集めるために株式を発行して、株主は会社の所有者になることによるメリットを期待して株式を買うんだね。

　そうですね。もっとも、「株主は会社の所有者である」というときの「所有」という言葉の意味には注意が必要です。

　民法の勉強では、物を所有している人はそれを自由に使ったり売ったりすることができるということを説明しましたが、ここではそれとは違う意味で「所有」という言葉が使われています。

　「株主は会社の所有者である」ということは、①「会社の最終的な目的は株主の利益を図ることにある」ということと、②「株主は会社の意思決定に参加できる」ということの2つを意味しています。

　これを株主の権利という観点から見ると、**株主には、①会社に利益が出たときに配当を受ける権利があり、②会社の意思決定に参加する権利がある**ということになります。

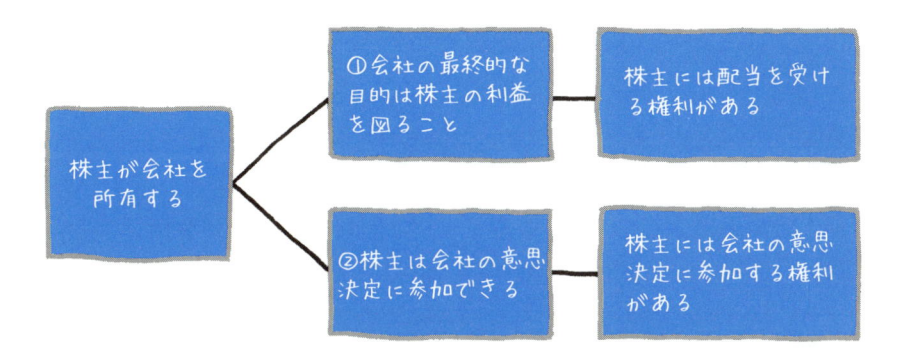

```
                    ┌─ ①会社の最終的な ──→ 株主には配当を受け
                    │   目的は株主の利益     る権利がある
  株主が会社を ─────┤   を図ること
  所有する          │
                    └─ ②株主は会社の意思 ──→ 株主には会社の意思
                        決定に参加できる      決定に参加する権利
                                              がある
```

　以下では、この2つの意味につき、もう少し詳しく説明していきます。まずは、株主の権利について定めた次の条文を読んでみてください。

> **会社法第105条第1項**
> 株主は、その有する株式につき次に掲げる権利…（中略）…を有する。
> 第1号　剰余金の配当を受ける権利
> 第3号　株主総会における議決権

◆意味①──会社の最終的な目的は株主の利益を図ること

株主が「会社を所有している」ということの1つ目の意味は、会社の経済活動の最終的な目的は株主の利益を図ることにあるということです。

先ほど、会社は「たくさん儲ける」ための仕組みであることを説明しましたが、そのようにして会社がお金を儲けるのは、最終的には株主がお金を儲けるためであるといえます。つまり、会社は株主の利益を図ることを最終的な目的としているということです。

たしかに、会社はお金を儲けるわけですが、そのお金を使って会社自身がレストランで食事をしたり、旅行に出かけたりすることはありません。儲けたお金（剰余金）は配当として株主へと配られるのです。よって、会社が儲かれば儲かるほど得をするのは株主であるといえます。先ほど紹介した会社法第105条第1項第1号は、株主には配当を受ける権利があることを定めています。

> 会社が「たくさん儲ける」のは、
> 最終的には株主の利益のためなんだね！

◆意味②──株主は会社の意思決定に参加できる

株主が「会社を所有している」ということの意味の2つ目は、株主は会社の基本的な意思決定に参加できるという点にあります。「意思決定」とは、会社がより利益を上げるために判断を下すことをいいます。

会社においては、株主全員が参加することのできる**株主総会**というものが開催され、それによって会社の基本的な方針が決定されます。

株主一人ひとりは株主総会での議決権（＝票）をもっているので、株主は株主総会に参加することで、それらの決定に参加することができるのです。

このことは、先ほどの会社法第105条第1項第3号で定められています。

> 「会社の基本的な意思決定」にはどんなものがあるの？

たとえば、次の条文を見てください。

会社法第466条
株式会社は、その成立後、株主総会の決議によって、定款を変更することができる。

「定款」とは、**その会社の組織と活動に関して最も基本的なルールを定めたもの**です。会社法第466条は、株主らが参加する株主総会によって「定款を変更する」という意思決定がなされるということを定めています。

> 株式をもっていると株主総会で投票できて、それによって会社の基本的な意思決定に参加できるんだね。

◆ここまでのまとめ

以上で、「株主は会社の所有者である」ということの意味が理解できましたね。このことがわかれば、はじめの2つの質問に対する答えも納得してもらえると思います。

つまり、「株主は会社の所有者である」ので、「『株主になる』ということは『会社が自分のものになる』ということを意味する」といえるのです（なお、「会社が自分のものになる」とはいっても、株主が二人以上いる場合に

は、株主全員で会社を共同して所有している状態にあるといえます)。
　また、「株主は会社の所有者である」ので、「会社は誰のものか？」という問いに対しては、「会社は株主のものである」という答えが正しいことになるのです。

所有と経営の分離
◆社長は会社の経営者

> 「会社は株主のもの」だから、社長のものではないことはわかったよ！　でもそうすると、「社長」はどんな役割を果たす人のことなの？

　結論からいうと、**社長（代表取締役）は会社の経営者である**といえます。
　経営者とは、**会社経営上の意思決定をする人**のことをいいます。たとえば、「今年中に3つの画期的な製品を開発しよう」とか、「中国に新しい工場を建てよう」などといった意思決定は、経営上の意思決定にあたります。
　ここでは、**経営の素人でも株主になることはできるのに対して、経営者は経営のプロ（専門家）である**というところがポイントになります。

　また、先ほど「株主は会社の基本的な意思決定に参加できる」と説明しましたが、ここでは「基本的」という言葉に注意してください。
　これは、**株主は会社の基本となる事項を決める際の意思決定には参加しますが、会社が日々行なっている経営上の意思決定には参加しない**ということを意味しています。
　いい換えると、**会社経営上の意思決定については、経営の素人である株主は、経営のプロである経営者（代表取締役や取締役）にお任せしている**のです。

　次の条文を見てください。

> **会社法第329条第1項**
> 役員（取締役…中略…）及び会計監査人は、株主総会の決議によって選任する。

　この条文は、実際に会社の経営を行なう**取締役**は、株主総会の決議によって選ばれるということを意味しています。

　一人ひとりの株主は、株主総会において、「この人なら会社に多くの利益をもたらしてくれるだろう」と思う人に投票することで、会社の経営を取締役に「お任せ」するのです。

◆所有と経営の分離とは？

　このような仕組みを、「**所有と経営の分離**」と呼びます。これは、**会社を所有しているのは「株主」ですが、会社を経営しているのは「代表取締役や取締役」である**という制度です。つまり、会社の所有者と経営者が一致していない制度のことをいいます。

> どうして所有と経営は分離されているの？

　もし、会社の所有者が会社を経営しなければならないとすると、経営について詳しい人でないと会社の所有者になることができません。すると、会社に出資できる人が限られてしまい、会社の事業に必要なお金を十分に集めることができません。

　そこで、**所有と経営を分離することによって、経営については素人でも会社に出資できることにして、会社が多くの人からお金を集めることができる仕組みを採っている**のです。

> 所有と経営の分離という制度は、会社が多くの人からお金を集めて大規模な事業を展開するのに役立っているんだね！

まとめ

- 「株主は会社の所有者である」ということは、①「会社の最終的な目的は株主の利益を図ることにある」ということと、②「株主は会社の意思決定に参加できる」ということの2つを意味している。
- 「株主は会社の所有者である」ことから、「『株式をもつ（株主になる）』ということは『会社が自分のものになる』ということを意味する」といえ、「会社は株主のものである」といえる。
- 「所有と経営の分離」とは、会社の所有者と経営者が一致していない制度のことをいう。これは、経営については素人でも会社に出資できることにして、会社が多くの人からお金を集めることができるようにするための制度である。

その3 株式の2つの特徴

　ここまでの説明で、**株式**（株主）や会社というものの本質を知ることができたと思います。次に、株式の2つの特徴を勉強することにより、株式についての理解をより深めていきましょう。

　2つの特徴とは、①「株式は細分化されている」という特徴と、②「株式では『数』が大切」という特徴です。順に説明していきます。

株式は細分化されている

　まずは「株式は細分化されている」という特徴について説明します。「細分化」とは、細かく分けられていることをいいます。

　たとえば、100万円の株式を1株しか発行していないA株式会社と、1万円の株式を100株発行しているB株式会社を比較してみると、B株式会社のほうが株式を細分化していることになります。基本的に、株式はある程度細分化されている必要があるといえます。

> どうして株式は細分化されていないといけないの？

　それは、そもそも会社が株式を発行するのはたくさんの資金を集めるためでしたが、**株式を細分化することによって、会社はより多くの資金を集めることができる**ようになるからです。

> え！？　どうして株式を細分化するとより多くの資金を集めることができるようになるの？

　先ほどの例のA株式会社のように株式を細分化しないと、1株当たりの値

段は高いままですので、一部のお金持ちしか株式を買えないことになります。

　一方、B株式会社のように株式を細分化すると1株当たりの値段は下がるので、少ししかお金をもっていない人でも株式を買うことができるようになり、その結果、多くの人が株式を買うことができるようになります。
　そして、両者を比べると、==一部のお金持ちに高い株式を買ってもらうよりも、多くの人に安い株式を買ってもらうほうが、結果的には会社はよりたくさんの資金を集めることができる==のです。

> 株式を細分化すると1株当たりの値段が下がるから、多くの人が株式を買えるようになるんだね。だから会社はたくさんの資金を集めることができるのか！

株式では「数」が大切

　次に、「株式では『数』が大切」という特徴について説明します。
　これは、株主としてどれだけの権利があるかは、もっている株式の数によって単純に決まるということを意味しています。
　株主の権利としては、先ほど、①会社に利益が出たときに配当を受ける権利と、②会社の意思決定に参加できる権利の2つを挙げました。

◆①配当を受ける権利について

　①について、どれだけの配当を受けることができるのかは、もっている株式の数によって決まります。

> 株主が受ける配当の額
> 　＝1株当たりの配当額 × その株主がもっている株式数

　一人の株主が受ける配当額は上記の計算で算出されるため、基本的にそれ以外の要素は考慮されることはありません。多くの株式をもっていればそれだけ多くの配当をもらうことができます。

> 株主がいくらの配当を受けることができるかは、もっている株式の数によって自動的に決まるんだね！

◆②経営に参加する権利について

　②についても同じことがいえます。**株主が会社の経営に参加するとは、具体的には、株主総会で決議を採るときに票（議決権）をもっていることを**いいます。

　そして、株主総会でいくつの票（議決権）をもてるかは、その株主のもっている株式数によるのです。条文を確認しておきましょう。

会社法第308条第1項本文
　株主は、株主総会において、その有する株式1株について1個の議決権を有する。（括弧内省略）

　ここにあるように、**それぞれの株主は「1株1票」をもっています**。国会議員の選挙の場合のように、「1人1票」ではないことに注意してください。

　たとえば、全部で1,000株が発行される会社において、Aが600株、Bが300株、Cが100株を有している場合には、Aは600票、Bは300票、Cは100票をもっていることになります。

　したがって、過半数で決議ができる議題の場合には、Aはすでに一人で過半数の票をもっていますので、Aの考えがそのまま株主総会の判断になるのです。

> 株主が権利を行使するときには、その株主が何株をもっているかだけが問題となるんだね。どうして株式では「数」が大切なの？

　会社には通常多くの株主がいるので、株主の能力や社会的地位などによってそれぞれ違う取り扱いをしなくてはならないとすると、大変面倒です。こ

れでは一度に多くの株主に権利を行使させることができません。

そこで、**会社と株主の関係はできるだけ単純化されている**のです。「多くの株式をもっている人が多くの利益を得る」という単純なルールによって、会社は一度に多くの株主に対して権利を行使させることができ、ひいては、「多くの株主から多くの出資を得る」ことが可能になるのです。

まとめ

- 株式には、①「株式は細分化されている」という特徴と、②「株式では『数』が大切」という特徴の2つがある。
- ①株式を細分化することにより1株当たりの値段は下がるので、より多くの人が株式を買うことができるようになる。その結果、会社はより多くの資金を集めることができるようになる。
- ②「株式では『数』が大切」とは、株主としてどれだけの権利があるかは、もっている株式の数によって単純に決まるということを意味している。
- 会社と株主の関係をできるだけ単純化することで、会社は一度に多くの株主に対して権利を行使させることができ、多くの株主から多くの出資を得ることが可能になる。

Part 10

「真実の発見」よりも大切なこと
【民事訴訟法の特徴】

その1

はじめに
——当事者の納得が一番大切

　Part10では、民事訴訟法を勉強します。民事訴訟の特徴を一言で表わすと、**争っている当事者が納得して紛争を解決することを最も重要視している**ということがいえます。

> 当事者が納得するのが最も重要というのは当たり前なような気もするけど、どうしてそれが「特徴」とまでいえるの？

　「当事者が納得することを最も重要視している」ということは、**たとえ裁判所が争いになっている問題の真相を知っていたとしても、その真相に合致した判決を下すとは限らない**ということをも意味しています。
　もし、裁判所が真実を知っても、当事者がそれとは違う内容に納得して合意した場合には、裁判所は当事者が納得した内容の判決を下さないといけません。

> そうすると、裁判所が真実とは違う判断を下すことになってしまうこともあるんじゃない？

　そのとおりです。
　Part14で勉強するように、刑事訴訟では裁判所（とその他の国家機関）が事件の真相を発見するために自ら積極的にさまざまな活動を行ないます。その意味で、裁判所は積極的に真実発見に努めるといえます。

　これに対して、**民事訴訟の場合には、裁判所が積極的に真実を発見するために乗り出すことはなく、紛争の当事者が提出した主張と証拠に基づいての**

み紛争解決を図るに過ぎません。

> 裁判所はちゃんと真実を発見するように努めたほうがいいと思うんだけど……。どうして民事訴訟では当事者が納得することを最も重要視しているの？

もっともな質問ですね。ただ、いますぐにその理由を説明してもよくわからないと思うので、まずは民事訴訟法の基本から学んでいき、その後にその理由を解説していくことにしましょう。

その2 実体法と手続法

手続法によって権利を明らかにする

　民事訴訟法の基本として、まずはこの法律がどのような性格をもっているのかを紹介します。
　一般に、民法は民事事件についての「**実体法**」、民事訴訟法は民事事件についての「**手続法**」と呼ばれています。

> 実体法と手続法って何？
> 民法と民事訴訟法はどう違うの？

　実体法とは、**ある1つの時点（その瞬間）における権利や義務を定めた法律**のことをいいます。**実体法には要件と効果とが定められている**のが普通です。要件と効果については、「序章」で勉強しましたね。
　これに対し手続法は、**「実体法上の権利や義務が本当にあるのかどうかを明らかにしていくプロセス（手続）」を定めた法律**です。民事訴訟法や刑事訴訟法がこれにあたります。

　たとえば、AがBから土地を買ったので、自分は土地の所有者であると主張している場面を想像してください。
　ここで、「序章」で扱った売買契約に関する民法第555条を思い出してみましょう。

民法第555条
　売買は、当事者の一方がある財産権を相手方に移転することを約し、相手方がこれに対してその代金を支払うことを約することによって、その効力を

生ずる。

　Aが「土地の所有権の取得」という効果を主張するためには、①売主が「ある物を買主に譲ること」を約束し、②買主が「それに対して代金を支払うこと」を約束するという、2つの要件が満たされている必要があります。
　そして、実際に2つの要件を満たしたのであれば、民法という実体法によれば、Aは家の所有権を取得することができるはずです。

　しかし、実際に民法第555条の定める要件を満たしたかどうかは、神様しかわかりません。
　たとえば、Bが「私はAに家を売った覚えはない」といったら、AとBの主張は水掛け論になり、いつまでも争いごとが解決されないおそれがあります。

> 実体法上はAが家の所有権を取得している場合でも、Bがそれを否定すると、Aとしては困ってしまうね。こんなときはどうすればいいの？

　このような場合、Aとしては、**自分に実体法上の権利があることを裁判で明らかにしていく必要**があります。
　簡単にいうと、Aは民法第555条の定める要件を満たしていることを証明する必要があるのです。
　そして、そのためにAは具体的に何をすればよいのか、**どのようにして真実を明らかにしてAとBの紛争を解決していくのか、そのプロセス（手続）を定めたルール**が「**手続法**」なのです。

> 争いが起きた場合には、手続法を使って実体法上の権利や義務があるかどうかを明らかにしていく必要があるんだね！

手続法がなければ、権利は「絵に描いた餅」

　Aが実体法上の権利があることを裁判で明らかにする必要があるのは、それによって自分の権利を実現するためであるといえます。この意味で、手続法は、「**民法などの実体法上の権利を実現するためのプロセス（手続）を定めた法律**」だともいえるのです。

> 手続法があるからこそ、
> Aは民法上の権利を実現することができるんだね。

　もし、手続法がまったく整っていなければ、Aがいくら「私には実体法上の権利がある」と叫んでみても、その権利はいわば**絵に描いた餅**のようなものです。それを「食べることのできる本当の餅」に変えるためには、手続法という道具が必要となるのです。その意味で、手続法は私たちにとって心強い味方であるといえます。

　以上をまとめると、「**権利・義務があるかないか**」**ということを問題にするのが実体法**、「**権利・義務をどのように実現していくか**」**を問題とするのが手続法**ということになります。

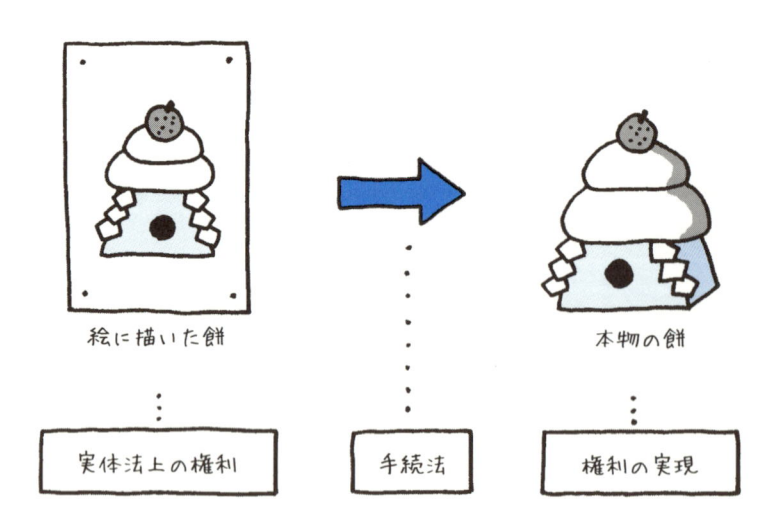

絵に描いた餅　→　本物の餅

実体法上の権利　　手続法　　権利の実現

> ぼくらが権利を現実に手にするためには、実体法と手続法の両方が必要になるということだね！

> **まとめ**
> - 実体法とは、ある1つの時点（その瞬間）における権利や義務を定めた法律のことをいい、条文のなかで要件と効果とが定められている。
> - 手続法は、「実体法上の権利や義務が本当にあるのかどうかを明らかにしていくプロセス（手続）」を定めた法律である。また、「実体法上の権利や義務を実現するためのプロセス（手続）」を定めた法律であるということもできる。

その3
民事訴訟手続の全体像

　手続法の勉強では、**手続の「プロセス」（流れ）**をしっかり頭に入れることが大切です。民事訴訟の全体像が頭に入っていれば、手続一つひとつについての議論の理解も容易になります。そこで、次に民事訴訟手続のプロセスをざっと眺めてみましょう。

【民事訴訟の流れ】
①紛争の発生
　「紛争」とは、私人同士の法的な争いごとをいいます。「貸したお金を返してほしい」「パソコンを買ったのにはじめから故障していたので新品と交換してほしい」など、社会にはさまざまなトラブルがありますが、これらのことを相手に請求したにもかかわらず、相手がそれに応じない場合を**紛争の発生**といいます。

②訴訟以外での解決手段
　紛争が発生したからといって、そのすべてが**訴訟（裁判）**になるわけではありません。むしろ、訴訟にいたらない段階で解決される紛争のほうが多い

といえます。

　最も望ましい解決方法は、当事者が話し合いをして、両者の合意で紛争が解決されることです。

　その例としては、**和解・示談**というものがあります。これは、まさに当事者同士の話し合いだけで解決するという完全に私的・自主的な方法です。

　和解・示談ではうまくいかなかった場合には、**調停**という制度を利用することがあります。これは、裁判所が当事者の間に入って両者の譲歩を促し、両者が納得できる解決方法を探っていく手段です。裁判所が仲介に入る和解・示談のようなイメージです。調停により合意された内容は調書に記載され、これは訴訟の判決と同じ法的な効力をもつことになります。

③訴訟の開始

　和解・示談や調停でも解決することのできなかった紛争は、最終的に**民事訴訟による解決**が必要となります。

　民事訴訟は「**訴訟の開始**」と呼ばれる段階からスタートします。当事者の一方（原告）がもう一方（被告）に対して**訴えの提起**をすることにより、訴訟は開始します（「**訴える人**」のことを「**原告**」、「**訴えられる人**」のことを「**被告**」と呼びます）。

　具体的には、原告は訴状（提起した訴訟の内容を記載した文書）を裁判所に提出することによって、訴えを提起します。その後、訴状が被告に送られることにより、それまで単なる当人同士の紛争であったものに対して、いよいよ裁判所が乗り出すことになります。これにより、原告 vs. 被告という民事訴訟の構図ができあがります。

当人同士の紛争　→　訴えの提起　→　民事訴訟

④訴訟の審理

　訴訟の審理の段階は、民事訴訟で最も重要な段階であるといえます。「審理」とは「事実関係や法律関係を明確にするために裁判所が調べること」をいいます。

　私たちが「裁判」と聞いて普通イメージするのはおそらくこのステップのことで、裁判所が原告と被告の言い分をそれぞれ聞く段階です。この段階においては、両者はそれぞれ法的な主張を行ない、それを根拠づけるために証拠を提出します。

⑤訴訟の終了

　訴訟の終了によって一応、その紛争は解決されたことになりますが、終了のしかたには2つのタイプがあります。

　1つは「**裁判所の判決による終了**」で、原告と被告の言い分を聞いた裁判所による判断が判決という形で言い渡されます。

　もう1つは「**当事者の意思による終了**」の場合です。これは、原告が訴え

を取り下げたり、被告が原告の訴えを全面的に認めたり、両者が譲歩し合って和解する場合をいいます。

⑥上訴 or 判決の確定

裁判所の判決により訴訟が終了した場合、裁判所の判断に不服をもつ当事者の一方は、上級裁判所に**上訴**をして、もう一度裁判をしてもらうように求めることができます。

一方、当事者が特に不服を申し立てることなく所定の期間が過ぎた場合には、判決が**確定**します。判決が確定するとその内容は当事者を拘束するので、それに従って紛争が解決されることになります。

また、紛争の蒸し返しを防ぐため、敗訴した当事者は同じ訴えを再度提起することはできなくなります。

> 「民事訴訟」と聞くと裁判官が判決を読み上げるところが思い浮かぶけど、実際には、そこに至るまでにたくさんのステップがあるんだね！

まとめ

- 民事訴訟は次のような流れで進んでいく。
①紛争の発生→②訴訟以外での解決手段→③訴訟の開始→④訴訟の審理→⑤訴訟の終了→⑥上訴 or 判決の確定

民事訴訟制度の目的
——「真実発見」は重要ではない？

真実発見と紛争解決

◆民事訴訟の２つの要請

　ここまでで、**手続法**である民事訴訟法はどんな法律か、そして、民事訴訟の大まかな流れは理解できたと思います。

　それではいよいよ、民事訴訟では当事者が納得することを最も重要視している理由を解説していくことにしましょう。

　この理由を理解するためには、「手続法」の定義に戻ってみるとよいでしょう。手続法とは、実体法上の権利や義務が本当にあるのかどうかを明らかにしていくプロセス（手続）を定めた法律でしたね。

　ここで、**権利や義務が本当にあるのかどうかを明らかにしていく**という言葉に注目してください。これは、**「権利や義務があった」**、もしくは**「権利や義務がなかった」**という**真実を発見する**作業といえます。

　裁判官も人間なので、神様のように真実をありのままに知ることはできません。そこで、当事者の言い分を聞いて、現実には何が起きたのか、つまり真実を裁判所が発見していくための方法を定めたものが手続法なのです。

　すなわち、手続法の大きな目的の１つは「真実を発見すること」にあるといえます（民事訴訟の上記の目的を、**真実発見の要請**といいます）。

> 手続法は真実を発見するための法律であるともいえるんだね！　でも、もしそうだとすると、さっきいっていた「当事者が納得することを最も重要視している」というところはどう考えればいいの？

　もちろん民事訴訟も手続法の１つなので、真実を発見することを目的とし

ていないわけではありません。しかし、民事訴訟については真実発見の要請よりも大切なことがあり、**場合によっては真実発見の要請を犠牲にしてでも、その「大切なこと」を重視する場合がある**のです。

> 真実発見の要請より大事なことがあるってどういうこと？

　結論からいいましょう。真実を発見するよりもはるかに大切なこととは、**紛争を解決する**という要請です。つまり、**民事訴訟においては、真実発見より紛争解決のほうが大切である**といえます。
　「真実発見より紛争解決のほうが大切」ということは、「真実発見の要請」と「紛争解決の要請」が対立した場合には、**紛争解決のほうが優先される**ということを意味します。このことが、民事訴訟では裁判所は真実発見に努めず、当事者が納得することを最も重要視している理由であるといえます。

◆「真実発見」と「紛争解決」の対立

> 真実発見と紛争解決が対立するような場合なんてあり得るの？　裁判は真実を発見する場であり、それが同時に紛争解決につながるんじゃない？

　もちろん、ポチくんのいってくれたように、裁判所が真実を発見することで、当事者間で起こった紛争を解決することにつながる場合はたくさんあります。しかし実は、両者の要請がそのように一致せず、むしろ対立する場面もあるのです。
　次の【ケース】を見てください。

【ケース】
　AがBに対して、貸した100万円を返還するように請求する訴訟を提起した。Bはそのような契約をした覚えはまったくないと主張していたので、Aは証拠として契約書を提出した。裁判官がその契約書を調べたところ、Bの署名の部分がBの筆跡と違っており、むしろAの筆跡に似ていた。

> 最終的に裁判官はＡが嘘をついているのだろうと判断し、Ａ敗訴の判決を下そうと考えていた。しかしその後、Ｂはお金に困っているＡのことをかわいそうに思い、Ａの主張を全面的に認めた。

さて、このような【ケース】があった場合、裁判所は、ＡのＢに対する返還請求を認めるべきでしょうか？

ここでは、現実にはＡがＢにお金を貸したという事実は過去に存在しませんが、Ｂはその契約をしたことを認めており、その点について両者に争いはないことになっています。

このとき、真実発見の要請の観点から見ると、Ｂがあとから何といおうと「ＡＢ間でそのような契約は存在しなかった」という真実に変わりはなく、裁判官はそれを発見しているので、その真実に従った判決を下すことが求められます。

一方、紛争解決の要請を重視すると、訴訟を提起されたＢにはこれ以上Ａと争う意思はなく、ＢがＡの主張を認めることで紛争は解決しているわけですから、Ａを敗訴させる理由はないことになります。

以上をまとめると、次のようになります。

- 真実発見の要請の重視→ Ａの返還請求を認めるべきでない。
- 紛争解決の要請の重視→ Ａの返還請求を認めるべきである。

> 真実発見の要請と紛争解決の要請が対立していて、どちらを重視するかによって正反対の結論になるんだね!

民事訴訟法の立場
◆民事訴訟では紛争解決が重視される
　民事訴訟の目的としては、真実発見と紛争解決の2つの要請があり、両者は時に対立する場合があることはわかってもらえたと思います。

　ここで、先ほど勉強した「民事訴訟手続の全体像」を見てください。全体像のなかには、民事紛争の解決方法として、「訴訟以外での解決手段」や、「当事者の意思による訴訟の終了」というものがありましたね。

　実は、このように「訴訟以外での解決手段」や「当事者の意思による訴訟の終了」が認められているのは、紛争解決の要請のほうが真実発見の要請よりも大きいからなのです。

> 「訴訟以外での解決手段」や「当事者の意思による訴訟の終了」が認められていることと、紛争解決の要請とはどんな関係があるの?

　それは、もし真実発見の要請のほうが重視されていた場合はどうなるかを想像してみると理解しやすいと思います。仮に、民事訴訟において真実発見の要請のほうが重視されていたとすると、たとえば、当事者の意思によって民事訴訟を終了させることが許されるでしょうか?

> いくら当事者がお互いに納得していたとしても、それが真実と異なるものだったら、真実発見の要請に応えられないね。

　そうですね。当事者が納得して民事訴訟が終了しても、それが常に真実と一致しているとは限りません。もし、真実発見の要請が重視されていたとす

ると、「当事者の意思による訴訟の終了」という制度自体が存在するはずがないのです。「訴訟以外での解決手段」についても同じことがいえます。

つまり、民事訴訟では「紛争解決の要請」が重視されているからこそ、訴訟以外での解決手段（和解・示談や調停）や、原告が訴えを取り下げたり、被告が訴えを全面的に認めたりすることで訴訟を終了するという制度が用意されているということです。

> なるほどー。でも、どうしてそもそも民事訴訟においては紛争解決のほうが重視されているの？

◆私的自治の原則を思い出そう

よい質問ですね。民事訴訟において真実発見よりも紛争解決のほうが重視されている理由は、実は**民法の大原則**にまでさかのぼるとよく理解できます。この本でも繰り返し強調してきた民法の大原則を覚えていますか？

> えっと、私的自治の原則のこと？

素晴らしい！　よく覚えていましたね。Part 6 において、**私的自治の原則**とは、自らの意思によらなければ権利を取得したり義務を負ったりすることはないという原則であり、これは「自分のことは自分で決める」という憲法の自由主義の考え方を背景とすることを学びました。

この考え方を推し進めると、私人は自分の意思で権利を取得することができる一方で、（自分がそれを望みさえすれば）**自分の意思によって権利を放棄することも自由にできる**という結論にいたります。

たとえば、ポチくんが民事訴訟法の教科書を新しく買ったので、古くなった教科書を学校のゴミ箱に捨てたとします。このとき、ポチくんが教科書をゴミ箱に捨てる瞬間まではこの教科書はポチくんの所有物ですが、ゴミ箱に捨てるという行為によって、ポチくんは古くなった教科書の所有権を放棄したものと考えられます。この場合、ポチくんは自らの意思によって権利を放棄しているのです。

> 私的自治の原則は、「自分の意思で権利を自由に放棄できる」という考え方にまでつながっていくんだね！

◆私的自治の訴訟法的反映

> なるほどね。でも、私的自治の原則は民法の話だよね？手続法である民事訴訟法とはどのような関係があるの？

　よいところに気づきましたね。
　実は、民法（実体法）の私的自治の原則における「自分のことは自分で決める」という考え方を民事訴訟法（手続法）にも応用すると、**紛争解決を重視すべき**という結論にいたることになるのです。まさにこの瞬間、「私的自治の原則」と「紛争解決の要請」が出会うことになります。

> ちょっとむずかしいなぁ！　どうして「自分のことは自分で決める」という考え方が「紛争解決を重視すべき」という結論につながるの？

　なぜなら、「自分のことは自分で決める」という考え方を民事訴訟の場面（手続法のレベル）に適用すると、「**その人が望んだ方法で紛争を解決すべき**」ということがいえるからです。
　このように考えると、2人の当事者がそれぞれ「このような紛争解決の方法でよいです」といっている以上、裁判所が口を出すべきではありません。つまり、裁判所が「その結論は真実と一致していないかもしれないから、証拠によって裁判所が真実を発見します」とはいえないのです。
　このように、私的自治の原則が民事訴訟法にも応用されることを、私的自治の原則が訴訟法にも反映されるという意味で、「**私的自治の訴訟法的反映**」と呼びます。

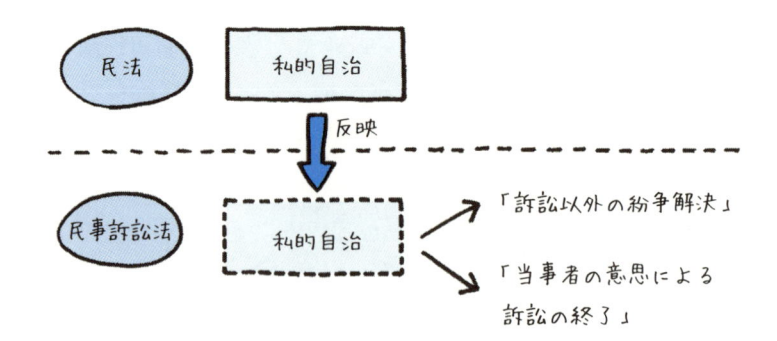

```
民法 ─── 私的自治
         │
         │反映
         ▼
民事訴訟法 ─ 私的自治 ─→「訴訟以外の紛争解決」
                    ─→「当事者の意思による
                       訴訟の終了」
```

> **まとめ**
>
> ● 民事訴訟においては、「真実発見の要請」と「紛争解決の要請」が対立した場合、紛争解決の要請のほうが優先される。これは、民事事件の解決の方法として、「訴訟以外での解決手段」や「当事者の意思による訴訟の終了」が認められていることにも表われている。
>
> ● 民事訴訟で紛争解決が重視されるのは、民法の私的自治の原則を民事訴訟法に応用するという考え方（私的自治の訴訟法的反映）に基づく。

第 3 部

刑法と刑事訴訟法

Part 11

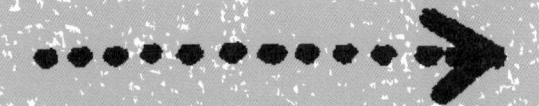

罰するべきか、見逃すべきか
【刑法の機能と犯罪の成立要件】

その1
刑法の2つの機能
——刑法は何のためにある？

法益保護機能とは

　このPartから、刑事系の法律の勉強のスタートです。まずは「刑法」ですね。Part11とPart12では、特に「刑法総論」と呼ばれる分野を勉強していきます。刑法総論とは、すべての犯罪に共通する事柄を扱う分野です。たとえば、Part12で詳しく勉強する「正当防衛」の問題は、暴行罪でも、傷害罪でも、殺人罪でも問題になります。

　刑法総論の勉強にあたっては、なぜ刑法という法律が存在するのかを考えることから始めましょう。次の【ケース】を見てください。

【ケース】
　雑誌記者のAは当時の衆議院議員Bについて次のような記事を書き、その雑誌は全国で販売された。
　「Bの浮気現場を発見！　国会議員史上最もふしだらな偽善者Bの裏の顔！」

※参考：刑法第230条第1項（名誉毀損罪）
　公然と事実を摘示し、人の名誉を毀損した者は（中略）3年以下の懲役若しくは禁錮又は50万円以下の罰金に処する。

　刑法の存在意義を考えるためには、「もしその法律がなかったらどうなるか」ということを考えるとわかりやすいと思います。
　この世に刑法という法律がなければ、犯罪行為が増え、国民は安心して社会生活を送ることができなくなります。
　そこで、他人の身体や財産を侵害したら処罰するということを法律で定め

ることにより、犯罪行為を予防して国民が安心して生活できる社会をつくることが可能になるのです。

刑法のこのような機能を、**法益保護機能**と呼びます。すなわち、**刑法の機能の1つ目は、法益を保護すること**です。

> 「法益」という言葉はちょっと耳慣れない言葉だけど、どういう意味？

法益という言葉は刑法で頻繁に登場するので、しっかりと理解しておいてください。法益とは、"**法**"律によって保護すべき国民の利"**益**"のことをいいます（「**保護法益**」という言葉を使うこともありますが、意味は同じです）。つまり、国は刑法という法律をつくることによって、国民の利益を保護しているということです。

そして、刑法に掲げられているすべての犯罪は、それぞれの「法益」をもっています。たとえば、殺人罪の法益は「人の生命」ですし、名誉毀損罪の法益は「人の名誉」です。

今回の【ケース】でいうと、Ａの行為によってＢの「名誉」という法益が侵害されているといえそうです。Ｂの名誉を保護するために、刑法には「名誉毀損罪」という犯罪が用意されているのです。

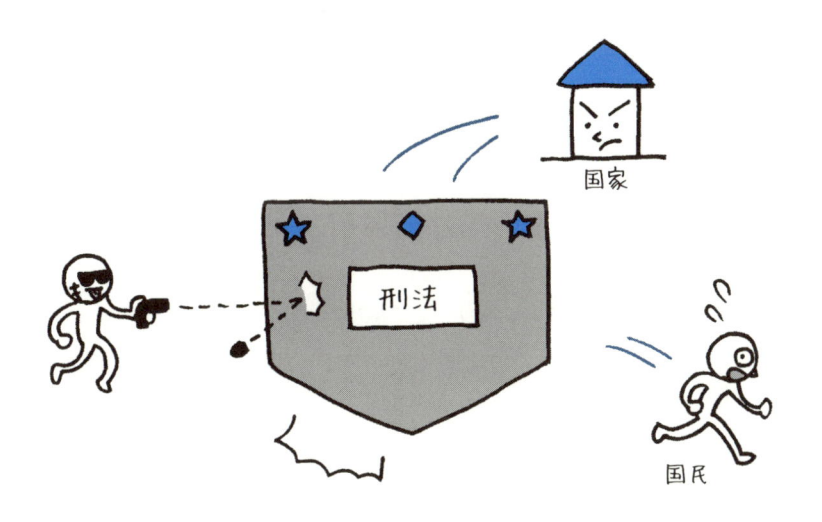

> 世の中にはいろいろな法益があって、法益を他人から侵害されるのを防ぐために刑法があるんだね！

自由保障機能とは？
◆自由保障機能の意味

> さっき「刑法の機能の1つ目」といっていたけど、ほかにも刑法の機能があるの？

　実は、刑法には2つの機能があると考えられています。もう1つの機能は、**自由保障機能（人権保障機能）**と呼ばれる機能です。
　今回の【ケース】にあてはめていうと、刑法の自由保障機能とは、Bを批判する記事を書いたAの自由を保障するための機能です。
　すなわち、他人の名誉を毀損した者は懲役や罰金という刑罰を科することを定めた刑法第230条第1項によって、Aの自由が守られるのです。

> 刑法第230条第1項があるから、Aは刑罰を科せられてしまうんでしょ？　どうして刑法第230条第1項がAの自由を守ることにつながるの？

　それでは、その理由を説明していきましょう。
　刑法の条文を眺めてもらえればわかるように、刑法では**いかなる行為が犯罪となるのか（要件）**と、そのような犯罪を犯した場合の具体的な**刑罰（効果）**が明文化されています。
　このことを裏返していうと、刑法は、**「刑法に書かれた要件を満たすような行為をしなければ罰せられることはない」**という意味で、**国民に行動の自由を保障している**ということができます。
　つまり、あえて「○○をしたら処罰するよ」と事前に宣言しておくことで、「○○以外のことをして処罰されることはない」ということを明確にしてい

るのです。これにより、**国家が勝手に国民に刑罰を科することを禁じている**といえます。

> 「○○するな」という法律は「○○以外はしても処罰されない」ということを意味しているんだね！

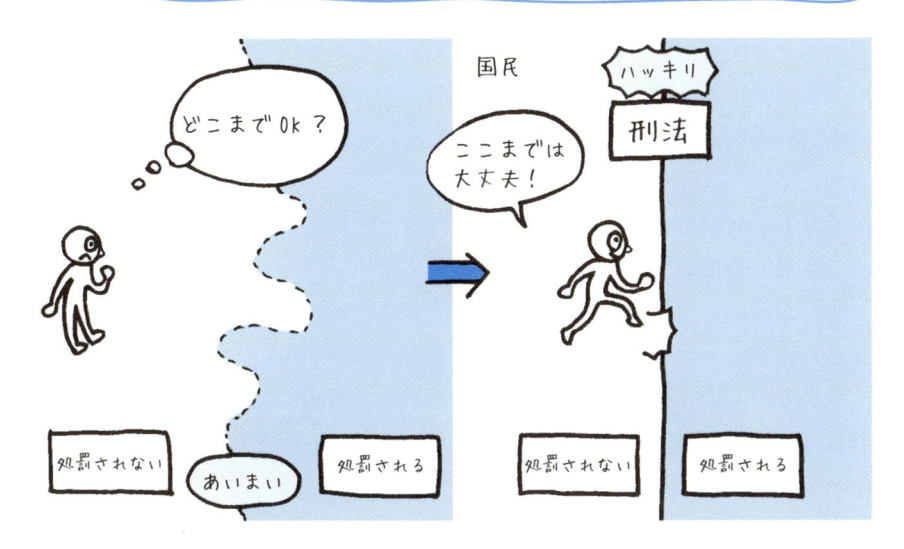

先ほど、刑法の存在意義を考えるためには、刑法がない社会を想像してみるとよいといいましたね。

もし、刑法というしっかりと明文化された法律がなければ、「国家にとって都合の悪い行為をする者」（たとえば、政府を堂々と批判する者）に対して、国家が恣意的に犯罪者扱いをすることができてしまうのです。

> あらかじめのルールがなかったら、国家の好きなように人を処罰できてしまうんだ！

以上をまとめると、刑法のもう1つの機能として、**処罰される行為をあらかじめ限定し、国民の人権や自由を保障する機能がある**ということになります。これを、刑法の自由保障機能（人権保障機能）と呼びます。

202ページの【ケース】でいえば、Aには憲法上保障された「表現の自由」

という人権があります。Aの行為は表現の自由の一環としてなされた行為ですから、刑法の自由保障機能を重視すると、Aを処罰すべきではないという結論につながります。

◆憲法との関係

「刑法の自由保障機能」の背景には、憲法における**自由権・自由主義**の思想があります。憲法は濫用されがちな国家権力を制限することによって、国民の自由や権利を守るための法でしたが、そのためには**国家の国民に対する介入（国家による国民に対する人権の制約）を最小限にとどめる必要**がありました。

そして、刑罰を科するという国家の行為は、国民に対する人権の制約のなかでも最も程度の大きいものの1つといえます。

したがって、国家が国民に刑罰を科することは必要最小限でなくてはなりません。

そこで、その「必要最小限」の場合を刑法で明示することで、反対に、それ以外の場合には、国家が刑罰という形で国民の人権を制約することはないことを約束しているのです。

◆2つの機能の関係

このように、刑法には2つの大きな機能があります。これは、**刑法は「国民を罰する（法益保護機能）」という役割を果たすと同時に、刑法が存在することにより、「国民が処罰されないこと（自由保障機能）」にも意味がある**ということです。

そして、両者の機能はしばしば対立することがあります。刑法の問題では、2つの機能のどちらを優先すべきなのかが常に問題となり、この対立こそが刑法の問題を貫くエッセンスなのです。

ある人間について**犯罪の成立を認めて処罰すべきかどうかが問題となる場合には、その根本には必ず法益保護機能と自由保障機能との対立がある**という点を忘れないでください。

両者の機能を単純化すると、次のようなことがいえます。

①**法益保護機能の重視**→犯罪の成立を認めて国民を処罰すべきという結論につながりやすい
②**自由保障機能の重視**→犯罪の成立を認めるべきでないという結論につながりやすい

まとめ

- 刑法の機能の1つ目は、法益を保護することである。これを、刑法の法益保護機能と呼ぶ。
- 刑法の機能の2つ目は、処罰される行為をあらかじめ限定し、国民の自由や人権を保障することである。これを、刑法の自由保障機能と呼ぶ。
- 犯罪の成否が問題となる場面では、必ずその根底に刑法の法益保護機能と自由保障機能との対立がある。

その2 犯罪成立の3ステップ

犯罪が成立するために必要なこと

ここからは、どのような条件がそろうと犯罪が成立するのかを勉強していきましょう。

一般的に、**犯罪とは「構成要件に該当する違法で有責な（責任のある）行為である」**といわれています。

これは、**犯罪が成立するためには、「①構成要件」に該当すること、「②違法性」があること、「③責任」があることという3つの条件をすべて満たす必要がある**ことを示しています。

そして、この3つは常に①→②→③の順番で検討されていくため、これが犯罪成立のための3つのステップであるといえるのです。

3つのステップをすべてクリアしたときに、はじめて犯罪が成立します。

> 犯罪が成立するためには、①構成要件、②違法性、③責任という3つのステップをクリアする必要があるんだね！

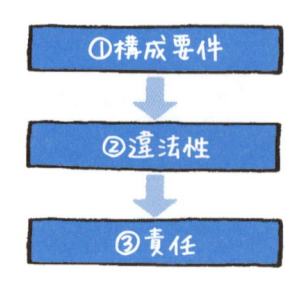

①構成要件
↓
②違法性
↓
③責任

ステップ①――構成要件該当性

もっとも、いまの段階で構成要件・違法性・責任といわれても何のことだかわからないと思います。まずは、これら3つのステップのイメージをもつことから始めましょう。

次の【ケース1】を見てください。

【ケース1】
　AがBの頭を石で殴って、Bにケガをさせた。

※参考：刑法第204条（傷害罪）
　人の身体を傷害した者は、15年以下の懲役又は50万円以下の罰金に処する。

この場合、Aには犯罪が成立するでしょうか？　もし、成立するとしたら、それはなぜですか？

> もちろんAには傷害罪が成立するよ。刑法第204条に「人の身体を傷害した者は傷害罪として処罰される」ということが書いてあるから当然じゃない？

この単純なケースでは、Aに傷害罪が成立することは疑いないように思えますね。その理由として、ポチくんは**「刑法第204条にそのように書いてあるから」**ということを挙げてくれました。その理由づけは、犯罪成立のための第1ステップである①**構成要件該当性**（構成要件に該当すること）という要件を理解するのに役立ちます。

構成要件とは、**刑罰を科す対象として法律によって規定されている行為・状況**のことをいいます。ここではざっくりと、**条文に書かれている「犯罪成立のための条件」**のことをいうと理解しておけば十分です。

たとえば、強盗罪（刑法第236条第1項）は「暴行又は脅迫を用いて他人の財物を強取した者は、強盗の罪とし、5年以上の有期懲役に処する」と定

めていますので、この罪の構成要件は、①暴行又は脅迫を用いたこと、②他人の財物を強取したことの2つです。

> 構成要件とは犯罪を構成する要素のことで、構成要件がすべて満たされると、①構成要件該当性というステップをクリアすることになるんだね！

はい、犯罪が成立するかどうかを検討するにあたっては、第一に、**行為が特定の犯罪の構成要件に該当するかを検討する必要があります**。

ある行為が構成要件に該当しない限り、犯罪が成立することはあり得ません。なぜなら、どのような行為が犯罪となり、どのような刑罰が科されるのかは、事前に法律で定めておく必要があるので、法律に書かれていない行為をして処罰されることはあり得ないからです。

ステップ②──違法性

◆「身を守るため」でも犯罪になる？

構成要件該当性というステップ①をクリアすると、その行為については原則として犯罪が成立すると考えられます。

しかし、**ステップ②やステップ③で特別な事情がある場合、例外として犯罪が成立しない**こともあり得ます。

ここからは、その「特別な事情」が何であるかを見ていきましょう。まずは、【ケース1】を少しだけ修正した【ケース2】を見てください。

【ケース2】
　BがAを殺そうとしてナイフをもって飛びかかってきたので、Aは自分の身を守るため、そばにあった石でBを殴って、Bにケガをさせた。

下線をつけた部分が、【ケース1】と異なる部分です。この場合、【ケース1】と同じようにAには傷害罪が成立するでしょうか？

> うーん、Aは自分の身を守るためにしかたなくBを攻撃したんだから、傷害罪が成立したらAがかわいそうだよね。あ、たしかこういうときって、「正当防衛」になるんじゃないの？

よく気づきましたね。ポチくんのいうとおり、【ケース2】においては、Aの行為は**正当防衛**であると評価され、犯罪は成立しないという結論になります。正当防衛については条文があります。

> **刑法第36条**
> 　急迫不正の侵害に対して、自己又は他人の権利を防衛するため、やむを得ずにした行為は、罰しない。

> この条文が適用されればAは処罰されずに済むんだね！

◆正当防衛によって「違法性」が否定される

　ここで注意してほしいのは、【ケース2】の場合も、ステップ①の構成要件該当性という要件は満たしているということです。

　【ケース2】においても、AがBにケガをさせていることには違いありませんので、Aの行為は「人の身体を傷害した」という要件を満たしています。よって、傷害罪の構成要件に該当する行為がなされていることには変わりありません。

> 本当だ！ じゃあ、ステップ①はクリアしているんだね！

　ステップ①をクリアすると、**違法性**を検討するステップ②へと進みます。違法性とは、実質的に考えて刑罰を科してでも禁止すべき行為だといえることを指します。

その行為が実質的に考えて刑罰を科してでも禁止すべきだといえれば、ステップ②をクリアし、刑罰を科してでも禁止すべきとまではいえない場合には、ステップ②をクリアしないことになります。
　先ほど説明したとおり、3つのステップすべてをクリアした場合にはじめて犯罪は成立するので、ステップ②をクリアしない場合には、犯罪は成立せず、無罪ということになります。

　違法性が否定される場合の典型例には、「正当防衛」の場合があります（はじめは、「違法性がないとされる特別な場合＝正当防衛の場合」と覚えておいてもよいと思います。それくらい、違法性の段階では正当防衛が重要です）。

> 【ケース2】のAの行為は構成要件に該当するけど、自分の身を守るためにしたことだから、刑罰を科してでも禁止すべき行為とまではいえないね。Aには正当防衛が成立し、ステップ②をクリアできないんだ！

　ちなみに、「刑罰を科してでも禁止すべき」とは何を意味しているのかについては、刑法の世界で大論争があり、とても面白いところです。この論争についてはPart12で詳しく扱いますので、楽しみにしておいてください。

ステップ③──責任

　さあ、いよいよ最後のステップです。次の【ケース3】を見てください。

【ケース3】
　AがBの頭を石で殴って、Bにケガをさせた。Aは重度の精神障害をもっており、その当時、心神喪失の状態にあった。

※参考：刑法第39条第1項
　心神喪失者の行為は、罰しない。

【ケース3】も、下線を引いた部分が【ケース1】と異なる点です。この場合は刑法第39条第1項が適用されるため、Aに傷害罪は成立しません。

これは、犯罪成立の3ステップという観点からいうと、どのように説明されるでしょうか？

> Aの行為は傷害罪の構成要件に該当しているといえるから、ステップ①はクリアだね。次に違法性だけど、特に正当防衛といえる事情はないから、ステップ②もクリアしているよ。となるとステップ③が問題となりそうだけど……。

ステップ③は**責任**です。犯罪が成立するためには、行為をした人に責任があることが必要となります。

「責任」とは、**行為をした「その人」に注目をして、「その人」のことを「非難」できるかどうかを検討する**ための要件です。

「非難できる」とは、**その人の意思次第では犯罪行為をしないことも可能であったにもかかわらず、あえて犯罪行為に出たことを責める**という意味です。

反対にいうと、その人の行為が「その人の意思次第では行なわないことも可能であった」といえない場合には、「責任がない」として、ステップ③をクリアしないことになります。

心神喪失とは、**精神の障害により判断能力や自分をコントロールする能力を欠いている状態**をいいます。

心神喪失の状態にある人は自分の行為をコントロールすることはむずかしいので、その行為が「その人の意思次第では行なわないことも可能であった」ということはできません。

そこで刑法第39条第1項は、心神喪失状態にあった人に対しては非難ができないので、責任の不存在を理由として無罪としているのです。

責任のステップでは、「その人」の状況をよく見て、「その人」を非難できないといえる特別な状況がないかを探すんだね！

> **まとめ**
> - 犯罪が成立するためには、①構成要件に該当すること、②違法性があること、③責任があることの3つのステップをすべてクリアする必要がある。
> - ①構成要件とは、刑罰を科す対象として法律によって規定されている行為・状況のことをいう。①構成要件該当性というステップをクリアすると、原則として犯罪が成立すると考えられる。しかし、ステップ②やステップ③で特別な事情がある場合には、例外的に犯罪が成立しない。
> - ②違法性とは、実質的に考えて「刑罰を科してでも禁止すべき」行為だといえることを指す。違法性のステップでは、正当防衛が成立するかどうかなどが問題となる。
> - ③責任とは、行為をした「その人」のことを非難できるかどうかを検討するための要件である。「非難できる」とは、「その人の意思次第では犯罪行為をしないことも可能であったにもかかわらず、あえて犯罪行為に出たことを責める」ことをいう。

Part 12

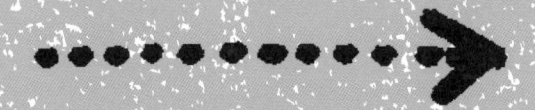

悪いのは「殺そうとした」から？
「死んだ」から？
【違法性と正当防衛】

その1
違法性の本質
──「違法」という言葉に隠された2つの意味

違法性とは？

◆「刑罰を科してでも禁止すべき」の意味

　Part11では、犯罪が成立するための3ステップを勉強しましたね。犯罪とは、①構成要件に該当する、②違法で、③有責な（責任のある）行為のことをいいました。このPartでは特に、ステップ②の違法性にスポットを当てて勉強していきます。

　「違法性」については、先ほど**実質的に考えて「刑罰を科してでも禁止すべき行為」だといえること**と説明しました。このPartでは、違法性の意味をさらに詳しく考えることによって、刑法のエッセンスともいえる価値観の対立に迫ってみたいと思います。

> 「違法性」の意味を探っていくと、刑法のエッセンスまでたどり着けるんだね！　面白そう！

　まずは次の【ケース】を考えてみてください。

【ケース】

1　AはBを殺そうと考え、Bに向かってピストルを撃ったが、弾が発射された瞬間にBはたまたま身をかがめたので、弾は誰にも当たらなかった。

2　マンションの10階に住んでいるCは、洗濯物を干している最中にベランダの植木鉢にうっかり手をぶつけ、下の道路に落としてしまった。そこをたまたま通りかかったDの頭に植木鉢が当たり、Dは死亡した。

ここでポチくんに質問です。この2つの【ケース】のAとCは、刑罰を科してでも禁止すべき行為をしたといえると思いますか？

> AはBを殺そうとしてピストルを撃ったから、刑罰を科してでも禁止すべき行為をしたといえると思うよ。今回はたまたまBは助かったけど、一歩間違えれば本当に死んでしまっていたと考えられるからね。

では、Cについてはどう思いますか？

> Cはうっかり植木鉢を落としただけだけど、実際に人が死んでいるよね。だから、Cも刑罰を科してでも禁止すべき行為をしたといえると思うよ。

たしかに、【ケース1】のAも【ケース2】のCも、刑罰を科してでも禁止すべき行為をしたといえそうですね。

しかし実は、2つの【ケース】をもっと詳しく分析してみると、【ケース1】と【ケース2】とでは、刑罰を科してでも禁止すべき行為だといえる理由が違うことに気づきます。

◆AとCが刑罰を科されるべき理由

まず、【ケース1】のAはなぜ刑罰を科してでも禁止すべき行為をしたといえるのかを考えてみましょう。

ポチくんは、Aは「Bを殺そうとしてピストルを撃った」から、Aは刑罰を科してでも禁止すべき行為をしたと考えましたね。

これは、「Bを殺そうとしてピストルを撃った」というAの行為が社会的に見て許されない行為であることを理由に、それが刑罰を科してでも禁止すべき行為であるという評価を下しているといえます。

Aの行為＝社会的に見て許されない

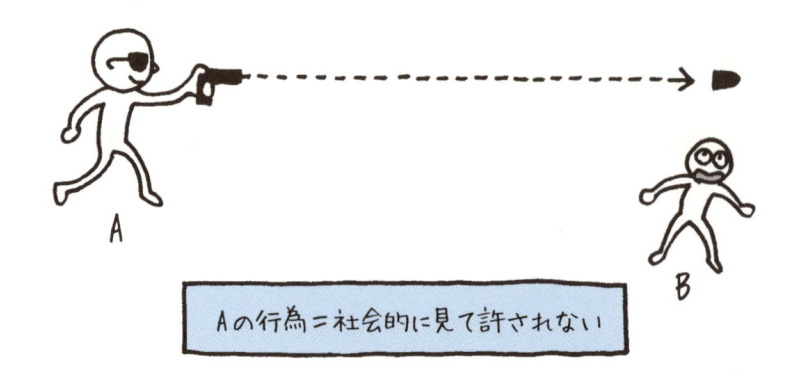

　次に、【ケース２】のＣについて考えてみましょう。まずは、【ケース１】と同様に、Ｃの「行為」が社会的に見て許されない行為といえるかを考えてみてください。

> Ｃは洗濯物を干していて、うっかり植木鉢に手をぶつけただけだね。この行為が社会的に見て許されない行為だということはむずかしいと思うよ。

　私もポチくんの意見に賛成です。しかし、先ほどポチくんは、Ｃは刑罰を科してでも禁止すべき行為をしたといえると答えましたね。そのときは、どうしてそう考えたのでしょうか？

> Ｃの行為自体はそれほど悪いことではないかもしれないけど、実際にＤが死亡しているからそう思ったんだ。実際に人が死んでしまった以上、その原因をつくった人は処罰されるべきなんじゃないかな？

　なるほど。Ｃの行為それ自体が社会的に見て許されない行為といえるからではなく、その行為から「死亡」という結果が生じたことを理由に、「刑罰を科してでも禁止すべき」と考えたわけですね。
　ここでは、**Ｃの行為から生じた「結果」に着目している**ところがポイント

になります。

　ちなみに、この「結果」という点に着目して【ケース1】を見るとどうでしょうか？

　【ケース1】のBは、死んでもいないしケガもしていません。したがって、【ケース1】について生じた結果だけを見ると、それをもって刑罰を科してでも禁止すべきだという評価を下すことはむずかしいと考えられます。

行為無価値論と結果無価値論

◆「殺そうとした」から悪いのか、「死んだ」から悪いのか？

　ここでの議論の争点は、**犯罪の成立に必要な「違法性」とは何を意味するか**、すなわち、**何をもって刑罰を科してでも禁止すべきといえるか**という点にあります。これを、**違法性の本質**についての議論と呼びます。

　違法性の本質についての議論は、刑法の世界で最も根源的な対立の1つであり、その意味で「刑法のエッセンス」と呼ぶことができる問題です。

　この争点について、**行為無価値論**と**結果無価値論**という説が対立しています。

> むずかしそうな言葉だね。「無価値」ってどういう意味なの？

　「無価値」とは、**それに対して否定的な評価を下すこと、つまり、「それを『違法』であると考えること」**を意味しています。

　そして、行為無価値論とは、**違法性の判断に際して、「社会的なルールに違反した行為をした」という点に着目する見解**です。

　つまり、**「行為が社会的に見て許されないものであることを理由に否定的な評価を下す」**考え方を、行為無価値論と呼ぶのです。

　一方、結果無価値論とは、**「法益侵害結果を引き起こした」という点に着目する見解**です。

　つまり、**「行為が法益侵害結果を生じさせたことを理由に否定的な評価を

下す」考え方を、結果無価値論と呼ぶということですね（「法益」とは、法律によって保護すべき国民の利益のことでしたね。「法益侵害」とは、誰かの法益が侵害されることをいいます）。

```
┌─────────────────┐          ┌─────────────────┐
│ 行為無価値論    │          │ 結果無価値論    │
│ ＝社会的なルールに│  ←→    │ ＝法益侵害結果を引き│
│   違反したことに着目│      │   起こしたことに着目│
└─────────────────┘          └─────────────────┘
```

> ちょっと抽象的でわかりづらいなぁ。たとえばどういうこと？

　たとえば、「どうして人を殺すと刑罰を科せられるのか？」という問いに対して、行為無価値論は「人を殺すという社会的に許されない行為をしたからである」と説明します。
　一方、結果無価値論は「人が死んで『生命』という法益が侵害されたからである」と説明します。
　このように、行為無価値論と結果無価値論とでは、人を殺すと刑罰を科せられる理由の説明のしかたがまったく違います。この対立こそが、刑法のエッセンスの1つなのです。

> でも、結局はどちらも人を殺すと罰せられることに変わりないんでしょ？　なぜこの考え方の違いが刑法のエッセンスになるの？

　2つの考え方の違いが刑法のエッセンスとなるのは、ケースによっては、考え方の違いによって結論をまったく異にする場合があるからです。
　行為無価値論と結果無価値論という観点から、先ほどの2つの【ケース】をもう一度見てみることにしましょう。

◆2つの立場から【ケース】を検討

> 【ケース】（再掲）
> 1　AはBを殺そうと考え、Bに向かってピストルを撃ったが、弾が発射された瞬間にBはたまたま身をかがめたので、弾は誰にも当たらなかった。
>
> 2　マンションの10階に住んでいるCは、洗濯物を干している最中にベランダの植木鉢にうっかり手をぶつけ、下の道路に落としてしまった。そこをたまたま通りかかったDの頭に植木鉢が当たり、Dは死亡した。

　まずは【ケース1】についてです。行為無価値論の立場からすると、AがBを殺そうとしてピストルを撃った行為は、明らかに社会的なルールに違反します。なので、この場合にAを処罰することは容易に説明することができます。

　一方、結果無価値論の立場ではどうでしょうか？　結果無価値論の立場を純粋に貫くならば、Bは実際には死亡していないので、法益侵害はなかったことになり、Aにつき犯罪が成立するという結論を導くことはむずかしいことになります。

> 結果無価値論の立場からは、Aは無罪になってしまうの？

　もっとも、以上の議論はあくまで理論上の話です。実際にこのような事件が起こった場合には、Aには**殺人未遂罪**が成立します[9]。

　続いて、【ケース2】です。【ケース2】の場合に違法性を認めるためには、結果無価値論の立場からのほうが説明が容易です。

　【ケース2】では、Dが死亡していることはたしかですから、法益侵害と

---

[9]　刑法第203条「第199条（殺人罪）及び前条の罪の未遂は、罰する。」

いう結果は明らかに生じています。

したがって、結果無価値論からは違法性を認め、犯罪の成立を認めることができます。

> 本当だ！　でも今度は、行為無価値論のほうからの説明はむずかしいのかな？　Cは洗濯物を干していてうっかり植木鉢に手をぶつけてしまっただけだから、「社会的なルールに違反した」というのはちょっとむずかしくない？

行為無価値論の立場からは、Cが**「普通の人ならすることのできる注意を怠った」**点をとらえて、これを「社会的なルールに違反した行為」と評価し、違法性を認めることになります。

具体的には、マンションの10階に住んでいる人は、普通、ベランダに置いてある植木鉢を落とさないように注意することが求められているといえます。

それにもかかわらず、Cはうっかり植木鉢に手をぶつけてそれを道路に落としてしまいました。よって、Cは普通の人に求められる注意を怠ったといえるため、「社会的なルールに違反」したと考えるのです。

> ちょっとわかりづらい説明だね……。

そうですね。したがって、【ケース2】については、結果無価値論のほうが、行為無価値論よりも素直に違法性を認めることができるといえます。

ちなみに、実際にこのような事件が起こった場合には、Cには**過失致死罪**が成立します[10]。

---

[10] 刑法第210条「過失により人を死亡させた者は、50万円以下の罰金に処する。」

> **まとめ**
>
> - 「違法性」とは、実質的に考えて「刑罰を科してでも禁止すべき行為」だといえることである。違法性の本質については、行為無価値論と結果無価値論という説が対立している。
> - 行為無価値論とは、「社会的なルールに違反した行為をした」という点に着目する見解であり、行為が社会的に見て許されないものであることを理由に違法という評価を下す考え方である。
> - 結果無価値論とは、「法益侵害結果を引き起こした」という点に着目する見解であり、行為が法益侵害結果を生じさせたことを理由に違法という評価を下す考え方である。

その2

正当防衛
―― 身を守るためなら処罰されない

正当防衛の要件

　さてここで、Part11で犯罪成立のための3ステップを勉強した際に、違法性のところで**正当防衛**について触れたことを思い出してください。
　構成要件に該当する行為については、原則として犯罪が成立すると考えられますが、正当防衛の条件を満たす場合には違法性が否定されるので、例外的に犯罪が成立しません。ここで改めて、正当防衛の条文を見てみましょう。

> **刑法第36条**
> 　急迫不正の侵害に対して、自己又は他人の権利を防衛するため、やむを得ずにした行為は、罰しない。

　この条文を分解すると、正当防衛が成立するための要件は以下のようにまとめられます。

　①急迫不正の侵害があったこと
　②自己または他人の権利を防衛するためであること
　③やむを得ずにした行為であること

　まずは、これらの正当防衛の要件を簡単に説明していきます。
　「①急迫不正の侵害」とは、**違法な法益侵害が現に存在しているか間近に迫っている**ことをいいます。
　たとえば、「かつて（過去に）自分を殺そうとしていた人」が目の前にいたとしても、「現在」その人が自分の命を狙っていなければ、「急迫」の侵害とはいえませんので、正当防衛としてその人を攻撃することはできません。

「②自己または他人の権利を防衛するため」とは、**反撃行為は自分や他人の権利（生命、身体、財産など）を守るために攻撃者に向けられたものでなければならない**ということです。

「③やむを得ずにした行為」とは、**自分や他人の権利を防衛する手段として必要な反撃行為であり、かつ、その行為が度を過ぎたものでないこと**を意味します。

たとえば、素手で殴りかかってきた相手から自分の身を守るためにピストルでその人のことを撃って殺してしまった場合には、その行為は「度を過ぎた行為」なので、この要件を満たさないことになります。

違法性が否定される理由

では、上記の要件を満たすとき、なぜ違法性は否定されるのでしょうか？

私たちはこれまでに、違法性の本質について、**行為無価値論**と**結果無価値論**という2つの考え方があることを学んできました。

正当防衛も違法性の問題ですから、この議論の枠組みを用いることができます。

◆**行為無価値論からの説明**

はじめに、行為無価値論の立場から正当防衛を説明してみましょう。

そもそも行為無価値論によると、ある行為が「刑罰を科してでも禁止すべき」といえ違法性が認められるのは、その行為が社会的なルールに違反しているからでしたね。ということは、その行為がたとえ構成要件に該当するとしても、それが社会的なルールに違反したものでない場合には、違法性が否定されることになります。

そして、**前に挙げた3つの要件が満たされる場合には、その行為は社会的なルールの範囲内の行為である**と説明されるのです。

> 行為無価値論は、「社会的なルールに違反していないから違法性が否定される」と考えるんだね。

具体的にイメージするため、次の【ケース】で考えてみましょう。

> 【ケース】
> BがAを殺そうとしてナイフをもって飛びかかってきたので、Aは自分の身を守るため、そばにあった石でBを殴ってBにケガをさせた。

　この場合、AがBを石で殴る行為は、普通の人なら「それは自分の身を守るためならしかたないよ」と思うでしょう。社会一般の常識からいって、このAの行為をとらえて、「Aには傷害罪が成立するべきだ」と考える人はほとんどいません。
　したがって、この場合のAの行為は「社会的なルールに違反した」とはいえず、その結果として、違法性が否定されるのです。

　考え方の筋道としては、以下のようになります。

> 正当防衛の3つの要件を満たす→社会的なルールに違反していない
> →違法性が否定される→犯罪不成立

◆**結果無価値論からの説明**
　では、正当防衛を結果無価値論から説明するとどうなるでしょうか？
　結果無価値論の立場は、**ある行為によって侵害された法益よりも、その行為によって保護された法益のほうが大きい場合には、違法性が否定される**と説明します。

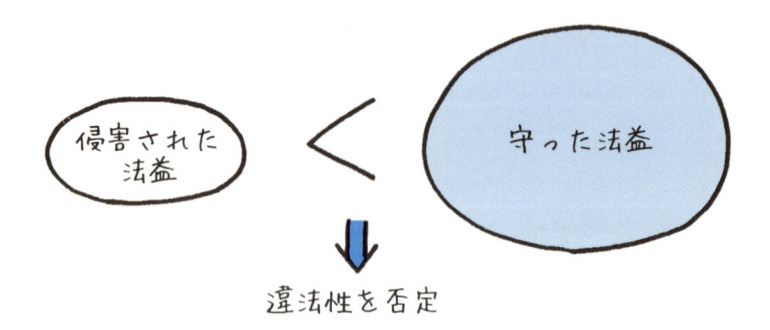

侵害された法益 < 守った法益
↓
違法性を否定

そして、正当防衛の場合、**攻撃者（【ケース】でいうとB）は自ら法を犯している以上、攻撃者の法益は防衛者（【ケース】でいうとA）の防衛に必要な限度で否定される**と考えられています。
　つまり、その限度で**攻撃者（B）の法益はゼロなので、防衛者（A）の行為によって侵害された法益というものは存在しません**。
　したがって、常に、**防衛行為（Aの行為）によって侵害された法益よりも、その行為によって保護された法益のほうが大きいといえる**ため、違法性が否定されると考えられています。

> 攻撃者Bの法益はゼロになるから、防衛者Aの行為の違法性が否定されるんだね。

まとめ

- 正当防衛の要件を満たすと違法性が否定される根拠については、行為無価値論と結果無価値論とで説明のしかたが異なる。
- 行為無価値論は、正当防衛について、行為がたとえ構成要件に該当するとしても、それが社会的なルールに違反したものでない場合には違法性が否定されると説明する。
- 結果無価値論は、正当防衛について、攻撃者の法益は防衛者の防衛に必要な限度で否定される（ゼロになる）ため、常に、防衛行為によって侵害された法益よりもその行為によって保護された法益のほうが大きいといえることから、違法性が否定されると説明する。

その3

偶然防衛
——たまたま「防衛しちゃった」場合は？

偶然防衛とは？

　ここまで、違法性の本質と正当防衛について見てきました。次は、ここまでの勉強の応用問題を取り上げます。正当防衛に関して、行為無価値論と結果無価値論が最も鋭く対立するケースとして、**偶然防衛**について勉強していきましょう。

　偶然防衛とは、**客観的には正当防衛の要件を満たしているものの、行為者の内心としては正当防衛をしようとする意思はなく、一方的な加害の意思で行為をした場合**をいいます。
　つまり、「**相手を攻撃しようとしたが、たまたまそれが自分の法益を守るのに役立ってしまった場合**」をいうのです。

> うーん、まだちょっとよくわからないなぁ……。

　では、次の【ケース】は偶然防衛の例ですので、これを読んでください。そして、違法性について理解できたかどうかの力試しだと思って、【問題】の答えを考えてみてください。

【ケース】
　AはBを殺すためにB宅に爆弾をしかけ、空き地で爆弾のスイッチを押そうとした。ちょうどその時、Bはたまたま自宅の窓から空き地にいたAを見つけた。Bは日頃の恨みを晴らすためにAをケガさせてやろうと考え、窓から石を投げた。石はAの頭にあたり、Aは爆弾のスイッチを押すことはできず、Aは重傷を負った（Bは、Aが自分の命を狙っていることをまったく知

らなかった)。

【問題】
　Bの行為は傷害罪の構成要件に該当するが、この場合は正当防衛が成立してBは無罪となるか？

ポチくんはこの問題にどう答えますか？

> BはAをケガさせてやろうと思って石を投げたんだよね？　そんな場合にまで正当防衛を認めてしまうのはおかしいと思うんだけど……。

なるほど。ではポチくんは、この場合のBには正当防衛が成立しないと考えるわけですね。その結論が正しいか、これから考えていきましょう。

「防衛の意思」がキーワード

◆防衛の意思とは？

　今回の【ケース】のような偶然防衛の問題を考えるためには、「**防衛の意思**」というキーワードを知る必要があります。正当防衛の要件として防衛の意思が必要かどうかについては、あとで説明するように、意見が分かれています。

> 「防衛の意思」って、どういう意思のことをいうの？

　防衛の意思とは、「**自分（や他人）の法益を防衛しようとする気持ち・目的**」のことをいいます。
　たとえば、ポチくんの友達がいきなりポチくんに殴りかかってきたとき、ポチくんが自分の身を守ろうと思ってその友達を殴り返した場合、防衛の意思が認められます。
　しかし同じ状況において、ポチくんが「この機会を利用してこいつにケガをさせてやろう」と考えてその友達を殴った場合には、ポチくんの行為は自

分や他人の法益の防衛を目的としていませんので、防衛の意思は認められません。

> 自分の身を守るためではなく相手に害を与える目的で反撃に出た場合には、防衛の意思がないってことだね。

◆偶然防衛は防衛の意思を欠いているケース

今回の【ケース】の場合、客観的に見れば、Bは石をAにぶつけることによって、自分の命を防衛する行為をしています。しかし、BはAが自分の命を狙っていることをまったく知らないのですから、Bには防衛の意思がありません。

つまり、**偶然防衛のケースは、客観的には正当防衛の要件を満たしているものの、行為者の内心においては防衛の意思を欠いているケースである**といえます。

したがって、**偶然防衛のケースでは、正当防衛の要件として防衛の意思を不要とする場合には正当防衛は成立しますが、防衛の意思を必要と考えると、正当防衛が成立しない**ことになります。

<偶然防衛のケース（防衛の意思を欠いているケース）>
- 正当防衛の要件として「防衛の意思」を不要と考える
  →正当防衛が成立する
- 正当防衛の要件として「防衛の意思」を必要と考える
  →正当防衛が成立しない

> 偶然防衛のケースでは、防衛の意思を必要と考えるかどうかで、正当防衛が成立するかどうかが変わるんだね！

では、正当防衛が成立するために防衛の意思は必要なのでしょうか？　実は、これを必要と考えるかどうかは、行為無価値論と結果無価値論のどちらの立場に立つかによって、結論を異にします。

そこで、それぞれの立場は防衛の意思についてどのように説明するのかを見ていくことにしましょう。

2つの立場から偶然防衛を考えてみよう

◆行為無価値論からの説明

まず、行為無価値論の立場です。この考え方によると、正当防衛が成立するかどうかは、「社会的なルールに違反しているかどうか」にかかっていることになります。

防衛の意思がある場合には、もちろん社会的なルールの範囲内の行為であるといえますね。

一方、防衛の意思がなく、自分や他人の法益を防衛するためではないのに誰かを攻撃する場合には、もはや社会的なルールの範囲内の行為とはいえません。したがってこの場合には、社会的なルールに違反した行為として、正当防衛は成立しないことになります。

このことから、**行為無価値論の立場は、正当防衛が成立するためには防衛の意思が要件として必要である**と考えます。

> 行為無価値論では、防衛の意思が正当防衛の要件になるんだ！

結論としては、**行為無価値論の立場からは、防衛の意思がない場面に問題となる偶然防衛のケースでは、正当防衛は成立しない**ことになります。したがって、今回の【ケース】のBの行為について正当防衛は成立しません。

◆結果無価値論からの説明

では、結果無価値論の立場からはどうでしょうか？

結果無価値論によると、そもそも攻撃者の法益は否定される（ゼロになる）ため、防衛者の気持ちや目的がどうであれ、防衛行為によって侵害された法益よりも、その行為によって保護された法益のほうが大きいといえることに違いはありません。

つまり、**正当防衛が成立するかは純粋に客観的な問題である**といえ、防衛者の気持ちにかかわらず、正当防衛が成立します。

> そうすると、正当防衛が成立するかどうかと防衛の意思とは、関係がないことになるの？

　そのとおりです。**結果無価値論の立場は、正当防衛が成立するために防衛の意思は不要である**と考えます。よって、**偶然防衛のケースでも正当防衛は成立する**ことになります。したがって、今回の【ケース】のBの行為についても正当防衛が成立します。

> **まとめ**
> - 偶然防衛とは、客観的には正当防衛の要件を満たしているものの、行為者の内心としては防衛の意思がない場合をいう。
> - 行為無価値論は、社会的なルールに違反しているかどうかを問題にするため、正当防衛が成立するためには「防衛の意思」が要件として必要であると考える。したがって、防衛の意思を欠いている偶然防衛のケースでは、正当防衛は成立しない。
> - 結果無価値論は、正当防衛が成立するかどうかを純粋に客観的な問題としてとらえるため、正当防衛が成立するために「防衛の意思」は要件として不要であると考える。したがって、偶然防衛のケースでも正当防衛は成立する。

Part 13

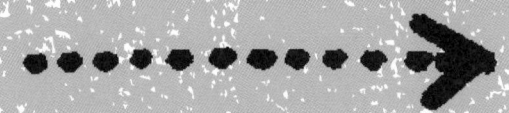

悩める窃盗罪
【窃盗罪の保護法益】

その1

はじめに
──謎に包まれた窃盗罪の保護法益

　この Part では「刑法各論」という分野を扱います。
　刑法各論では、それぞれの犯罪の構成要件は何かを勉強します。
　各犯罪の構成要件は、その犯罪が保護する法益（保護法益）と大きく関わることが多いといえます。
　たとえば、住居侵入罪、侮辱罪、脅迫罪などは、そもそも保護法益が何かという段階ですでに争いのある犯罪ですので、その点をどのように考えるかによって、構成要件が大きく変わることになります。

> 法益って犯罪ごとに当然決まっているものだと思っていたけど、そうじゃないの？

　それが、そうではないんですね。しかも、私たちが一番身近に感じるともいえる窃盗罪についても、そもそも保護法益についてみんなが納得する答えは出されていない状況です。

> え？　窃盗罪は身近な犯罪だから、保護法益もすぐにわかりそうな気がするけど……。

　では、窃盗罪の保護法益に関する議論を通して、刑法各論とはどんな勉強なのかを見ていくことにしましょう。

犯罪	殺人罪	傷害罪	名誉毀損罪	窃盗罪
保護法益	人の生命	人の身体	人の名誉	？？？

その2

本権説
——窃盗罪の保護法益は「権利」？

本権説とは？

窃盗罪の保護法益を考える前に、まずは条文を見てみましょう。

> **刑法第235条**
> 他人の財物を窃取した者は、窃盗の罪とし、10年以下の懲役又は50万円以下の罰金に処する。

「財物」とは、物理的に管理することのできる財産としての物のことです。「窃取」とは、物を自分が支配している領域（たとえばポケットの中など）に移すことを意味します。

もっとも、これだけで窃盗罪の保護法益がわかるわけはありませんね。

先ほど、窃盗罪の保護法益についてはみんなが納得する答えは出ていないということをいいましたが、この点については「**本権説**」と「**占有説**」という考え方が対立しています。

このPartでは、この2つの見解のどちらが正しいものなのかを考えていきます。

まずは本権説について見てみましょう。本権説とは、**窃盗罪の保護法益を「所有権その他の本権」とする見解**です。

> 所有権はわかるけど、「本権」というのは何のこと？

「本権」とは、**その物を使ったり持っていたりしてよい権利**のことをいい

ます（所有権も本権の1つです）。
　たとえば、ポチくんがレンタルCDショップから、CDを借りたとしますね。このとき、**ポチくんはCDの所有権を有しているわけではなく、「賃借権（お金を払って物を使う権利）」を有している**に過ぎません。
　このような場合に、泥棒がポチくんの家からCDを盗んでいったとしましょう。もし窃盗罪の保護法益を所有権だけだと考えると、泥棒の行為によってポチくんの所有権が侵害されているわけではない以上、泥棒には窃盗罪が成立しないという結論になりかねません。

> それは変だね！　せっかくお金を払ってレンタルしたCDが泥棒のせいで使えなくなってしまったんだから、泥棒には窃盗罪が成立するべきだと思うよ。

　そのとおりです。そこで、窃盗罪の保護法益は所有権だけでなく、「その他の本権（物を使ったり持っていたりしてよい権利）」まで含むとすることで、こうした場合でも窃盗罪を成立させることが可能になるのです。
　以上をまとめると、本権説は、窃盗罪の保護法益を**「その物を使ったり持っていたりすることのできる（所有権などの）権利」**だと考える見解です。

本権説の問題点
◆問題となるケース

> さっきの説明で、窃盗罪の保護法益が「本権」とされている理由が納得できたよ！

　ポチくんは本権説に納得してくれたみたいですね。一般的な常識からいっても、窃盗罪は国民の所有権などの権利を保護するための犯罪であるという説明は理解されやすいものだといえるでしょう。
　では、窃盗罪の保護法益についてそのように考えるとすると、以下の【ケース】はどのように考えられるでしょうか？

【ケース】
1　AはBの家からBの時計を盗み出した。その日の夜、CがAの家に忍び込み、Aの家からその時計をさらに盗み出した。

2　Dは自宅に覚せい剤を所持していたところ、EがD宅に忍び込み、その覚せい剤を盗み出した。

3　ある日、FがG宅から時計を盗み出した。この行為につき、GはFに「時計を返せ」という民事訴訟を起こしたところ、その訴訟のなかでFは「自分こそが時計の本当の所有者だ」と主張している。その後Fは窃盗罪で起訴され、刑事訴訟も始まった（時計の本当の所有者がGであるかFであるかは不明）。

◆【ケース１】を考えてみよう

まずは【ケース１】です。【ケース１】において、Ｃには窃盗罪が成立すると思いますか？

> ＣはＡの家から時計を盗んでいるんでしょ？それならもちろん窃盗罪が成立すると思うよ！

では、【ケース１】を保護法益という観点から検討してみましょう。Ｃの行為によって、窃盗罪の保護法益が侵害されているといえるでしょうか？

ＣはＡの家から時計を盗んでいるので、この質問の答えを考えるためには、Ａに所有権その他の本権があるかどうかを考えればよいことになります。

> もともと時計はＢのもので、Ａはそれを盗んだだけだから、Ａに所有権はないよ。しかも、ＡはＢから時計を借りているわけでもないから、そもそも時計を使う権利自体ないよね。だから本権もないと思うんだけど……。

そのとおりです。ということは、ＣがＡの家から時計を盗んだ行為によっ

て、実は保護法益は何ら侵害されていないということになりますね。そうすると、窃盗罪は成立しないという結論になります。

> ちょっと待って！ 論理的に考えたらたしかにそういう風になるかもしれないけど、【ケース1】でCに窃盗罪が成立しないのは明らかにおかしいと思うよ！

ポチくんの気持ちもよくわかります。【ケース1】では、**本権説には、窃盗犯から盗品を盗んだ場合には窃盗罪が成立しないという問題点がある**ことがわかりました。この点をどう考えればよいかはあとで検討することとして、とりあえず【ケース2】と【ケース3】についても見ていきましょう。

◆ 【ケース2】を考えてみよう

【ケース2】において、Eに窃盗罪は成立するでしょうか？

> 普通に考えたら窃盗罪が成立すると思うんだけど……。もしかして、「覚せい剤」というのが何かポイントになるの？

ポチくんのいうとおり、この問題を考えるにあたっては、盗まれた物が覚せい剤であるという点に注意しなくてはいけません。

覚せい剤は法律によって所持が禁止されています。このように、法律で所持や取引が禁止されている物を**禁制品**と呼びます。よって、法律の建前としては、「覚せい剤の所有権を法律で保護すべき」というわけにはいきません（覚せい剤の所有権を保護法益と考えることはできません）。

> 法律は「覚せい剤を所有してはいけない」といっているのだから、たしかに覚せい剤の所有権が法律で保護されるというのはおかしいね。

このように考えると、Dには所有権やその他の本権は存在しないので、E

には窃盗罪が成立しないことになります。

もっとも、常識的に考えると、人の物を盗んだEには窃盗罪が成立するべきであると思えます。

以上より、【ケース2】では、**本権説には、禁制品を盗んでも窃盗罪が成立しないという問題点がある**ことがわかったことになります。

◆【ケース3】を考えてみよう

続いて、【ケース3】です。【ケース3】はちょっとややこしいですが、がんばってついてきてくださいね。【ケース3】では、時計の所有権がGにある場合には、Fの行為によりGの所有権侵害があることになります。よって、Fには窃盗罪が成立します。

反対に、時計の所有権はFにあるとすると、Fの行為による法益侵害はありません。このとき、Fには窃盗罪が成立しません。

> 時計の本当の所有者が誰かがわからないと、法益侵害があるかどうかの答えは出ないみたいだね。

そうですね。Gの提起した民事訴訟では、時計の所有権がGとFのどちらにあるかについて判決が下されるので、その判決が確定すれば「時計が本当は誰の物なのか」がわかることになります。

> ということは、刑事訴訟でFに窃盗罪が成立するかどうかの判断をするためには、民事訴訟の結果を待たないといけないということ？

はい、本権説を採用するとそのような結論になりますね。

したがって、【ケース3】では、本権説には**民事訴訟で所有権が誰にあるかが確定しないと窃盗罪の成否が判断できない場合があるという問題点がある**ことがわかりました。

まとめ

- 本権説とは、窃盗罪の保護法益を「所有権その他の本権」とする見解である。
- 本権説については、以下の3つの問題点が挙げられる。
  ①窃盗犯から盗品を盗んだ場合には窃盗罪が成立しない
  ②禁制品を盗んでも窃盗罪が成立しない
  ③民事訴訟で所有権が誰にあるかが確定しないと窃盗罪の成否が判断できない場合がある

その3
占有説
──窃盗罪の保護法益は「物を持っていること」？

本権説の弱点──占有説の必要性

ポチくん、ここまで3つの【ケース】を見てきましたが、どのように感じましたか？

> はじめは本権説に納得していたけれど、本権説を前提にして考えると、いろいろとおかしなことになってしまうんだね。何だか自信がなくなってきたよ。

ははは、気を落とさないでください。これが刑法の勉強なんですよ。ここまででわかった本権説の問題点をまとめると、以下のようになります。

＜本権説の問題点＞
【ケース1】→窃盗犯から盗品を盗んだ場合には窃盗罪が成立しない
【ケース2】→禁制品を盗んでも窃盗罪が成立しない
【ケース3】→民事訴訟で所有権が誰にあるかが確定しないと窃盗罪の成否が判断できない場合がある

> こうやって見てみると、本権説は正しいといえないように思えてきたよ。本権説以外に何かいい考え方はないの？

占有説とは？

ではここで、窃盗罪の保護法益について、本権説と対立する考え方をご紹介しましょう。

それは、**占有説**と呼ばれる考え方です。占有説とは、窃盗罪の保護法益を「**事実上の占有それ自体**」と考える見解です。
　占有とは、**物を現実に支配すること**をいいます。たとえば、いまAがバッグのなかに本を入れてもっているとします。このとき、**本を現実に支配しているのはA**ですから、「Aが本を占有している」と表現します。
　この場合には、Aが本を所有しているかどうかは問題になりません。Aがこの本を所有していようが、Bから盗んだ物であろうが、Aがこの本を占有していることには変わりないのです。

> 所有権があるかどうかとは関係なく、とにかく現実にその物を支配していれば占有が認められるわけか……。でも、占有説はどうして「事実上の占有それ自体」を保護法益とするの？

　占有説がこのように主張する理由の1つは、本権説の考え方では、237ページの【ケース1】や【ケース2】のように、本来なら窃盗罪が成立するべきであると思われるような事案まで無罪となってしまうという問題があるからです。
　また、【ケース3】のように複数の人間が所有権を主張している場合には、本権説では民事訴訟の結果が出るまで刑事訴訟が行なえない場合があるという不都合があります。
　このような事情から、占有説は「事実上の占有それ自体」が窃盗罪の保護法益であると考えているのです。

> なるほど！　じゃあ窃盗罪の保護法益は占有説のように考えればよさそうだね！

　ちょっと待ってください！　占有説も学説の1つである以上、当然、問題点があります。次の【ケース4】を考えてみましょう。

占有説の問題点

【ケース４】
　大学の休み時間に、バッグのなかに入れておいたＨの時計が友人Ｉにより盗まれていた。次の休み時間、ＨはたまたまＩの机の引き出しのなかに自分の時計が入っているのを発見した。そこで、ＨはＩに無断で自分の時計を取り戻して帰宅した。

　【ケース４】の場合、Ｉに窃盗罪が成立するのは間違いありませんが、問題はＨに窃盗罪が成立するかです。ポチくんはどのように思いますか？

> Ｈに窃盗罪を成立させるのはかわいそうな気がするよ。そもそも時計はＨの物なんだから、それを窃盗犯人から取り戻しただけで窃盗罪としてしまうのは、おかしいんじゃないかな？

　そうですね。これについては237ページの【ケース１】と比べてみるとおもしろいと思います。
　【ケース１】のＣも【ケース４】のＨも、「窃盗犯人から時計を盗んでいる」という点では同じです。しかし、Ｃは「他人の時計」を窃盗犯人から盗んでいるのに対し、Ｈは「自分の時計」を窃盗犯人から盗んでいるという点に違いがあります。
　このような違いから、【ケース１】のＣには窃盗罪の成立を認めるべきだが、【ケース４】のＨには窃盗罪の成立を認めるべきではないという結論が妥当であると考えられるのです。

◆盗まれた物を取り戻したら窃盗罪⁉
　では、【ケース４】を本権説と占有説のそれぞれの立場から説明するとどのようになるでしょうか？
　本権説からは、ＩはＨの時計について所有権やその他の本権を有しているわけではないので、Ｈの行為により法益侵害はないことになります。したが

って、Hについて窃盗罪は成立しません。

　一方、占有説からは、IはHの時計を事実上占有しているので、Hの行為により法益侵害があり、Hには窃盗罪が成立することになります。

> あれ、占有説ではHには窃盗罪が成立してしまうことになるのか……。

　実は、占有説の最大の問題点はここにあるといわれています。一般に、窃盗犯人からの取り戻しの場合（【ケース4】の場合）には窃盗罪を成立させるべきではないと考えられますが、占有説からはこの結論を説明することが困難になります。
　占有説は保護法益を拡大し過ぎており、窃盗罪が成立する場合が広くなり過ぎるという問題点があるのです。

まとめ

- 占有説とは、窃盗罪の保護法益を「事実上の占有それ自体」とする見解である。
- 占有説には、保護法益を拡大し過ぎており、窃盗罪が成立する場合が広くなり過ぎるという問題点がある。たとえば、窃盗犯人からの取り戻しの場合には窃盗罪を成立させるべきではないと考えられるが、占有説によると窃盗罪が成立することになってしまう。

その4 両説の問題点の克服
──結局、どっちが正しいの？

自説から妥当な結論を導くトレーニング

> なるほど〜、こうやって考えると、本権説も占有説も完璧ではないんだね。一体何を信じてよいのかわからなくなってきたよ……。

　法律の議論では以上のように、「ある立場に立つとケース α で妥当な結論を導けず、それとは違う立場に立つとケース β で妥当な結論を導けない」というジレンマに出会うことがよくあります。

　そして実は、このようなジレンマに直面した場合に、何とか頭をひねって自分の立場から説得力のある議論を構築していくことこそが、法律の勉強の1つの醍醐味であります。
　この本も終わりに近づいてきていますので、これから本格的に法律を勉強していく第一歩として、このような**ジレンマを克服する力をつけるトレーニング**をしていきましょう。

> ここが法律の勉強の醍醐味なんだね！でも、トレーニングって何をするの？

　具体的には、⑴本権説に立ったうえで237ページの【ケース1】〜【ケース3】について妥当な結論を導く、また、⑵占有説に立ったうえで243ページの【ケース4】について妥当な結論を導くという練習をしてみることにします。

トレーニング①　本権説の問題点の克服

まずは237ページで紹介した【ケース】をもう一度見てみましょう。

【ケース】（再掲）

1　AはBの家からBの時計を盗み出した。その日の夜、CがAの家に忍び込み、Aの家からその時計をさらに盗み出した。

2　Dは自宅に覚せい剤を所持していたところ、EがD宅に忍び込み、その覚せい剤を盗み出した。

3　ある日、FがG宅から時計を盗み出した。この行為につき、GはFに「時計を返せ」という民事訴訟を起こしたところ、その訴訟のなかでFは「自分こそが時計の本当の所有者だ」と主張している。その後Fは窃盗罪で起訴され、刑事訴訟も始まった（時計の本当の所有者がGであるかFであるかは不明）。

◆【ケース1】を考えてみよう

【ケース1】では、本権説に立つと窃盗犯から盗品を盗んだ場合には窃盗罪が成立しない点が問題になりました。

窃盗罪が成立しない理由は、Aにはそもそも所有権やその他の本権がないからでしたね。

この問題点を克服するために、本権説からは、**「Aから時計を盗むというCの行為によって、はじめの窃盗の被害者Bの所有権を再び侵害した」**という考えが提唱されています。

Aの窃盗行為によって一度侵害されたBの所有権を、Cの窃盗行為が再び侵害したと考えるわけです。これにより、窃盗罪の成立を認めることができます。

> たしかにこう考えれば、「Cの行為によって法益侵害がある」ことになるね。

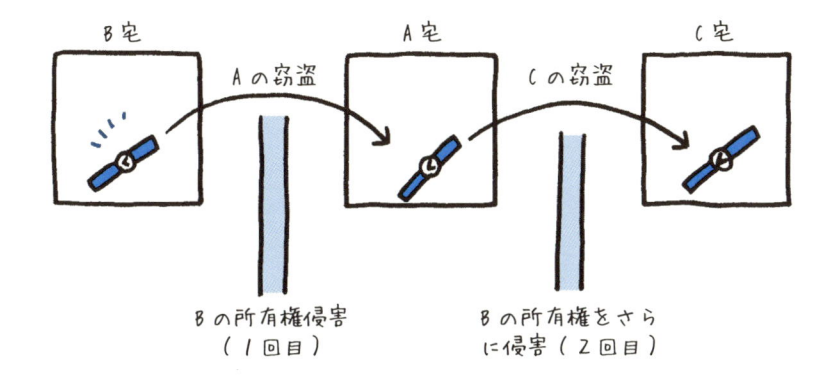

[図：B宅 → A宅（Aの窃盗）→ C宅（Cの窃盗）
Bの所有権侵害（1回目）／Bの所有権をさらに侵害（2回目）]

◆【ケース2】を考えてみよう

【ケース2】では、禁制品を盗んでも窃盗罪が成立しないという点が問題となりました。この場合に本権説から窃盗罪の成立を認めることはできるでしょうか？

ところで、覚せい剤などの禁制品をもつ人を警察が発見した場合でも、勝手にそれを奪い取ることはできず、法律によって定められた手続（刑法における没収制度など）に則って没収を行なわなければなりません。

このことは、**禁制品といえども「法律の所定の手続を経ないで没収されることはないという利益」がある**ことを意味していると考えられます。

そこで本権説では、**「法律の所定の手続を経ないで没収されることはないという利益」を本権と捉えることにより、窃盗罪の成立を認めることができる**と主張されています。

Eの行為は、Dの「法律の所定の手続を経ないで没収されることはないという利益」を侵害しており、法益侵害があると考えるわけです。

これによって、Eについて窃盗罪が成立するという結論を導くことができます。

> 「禁制品を勝手に奪われない利益」も本権の1つに含めてしまうんだね！

◆【ケース３】を考えてみよう

【ケース３】での問題は、民事訴訟で所有権が誰にあるかが確定するまでは、窃盗罪の成否が判断できないという点にありました。

しかし、そもそもこの問題点は**法秩序の統一性**という考え方を前提としたものです。

法秩序の統一性とは、**１つの法的な問題について民法と刑法では統一的な判断がなされなければならない**という考え方です。

たとえば、民事訴訟ではＦに所有権があると判断され、刑事訴訟ではＧに所有権があると判断されるようなことは許されません。法秩序の統一性を重視する考え方によると、民事訴訟での判断と刑事訴訟での判断は一致しなくてはならないのです。

> 民事訴訟と刑事訴訟で異なった判断をされたら、結局どちらの言い分が正しいのかがわからないもんね。

しかし、この考え方も絶対に正しいとはいえません。そもそも民法は「私人同士の公平」を重視し、民事訴訟では「紛争の解決」が最も大切です。

これに対し、刑法は「国家による刑罰権の行使」という最大の人権侵害について規定したものですから、「国民の自由や人権の保障」という観点も重要になってきます。

したがって、両者の判断は必ずしも一致させる必要はないという考え方も十分に成り立ちます。

このように考えれば、刑事訴訟において独自にＧとＦのどちらに所有権があるのかを判断すればよいことになりますので、【ケース３】で指摘された問題は生じないことになります。

> 民事訴訟と刑事訴訟の判断は必ずしも同じでなくてもいいと考えれば、刑事訴訟をするために民事訴訟を待つ必要はなくなるのか！

トレーニング②占有説の問題点の克服

では次に、243ページの【ケース４】の場合に占有説ではどのような説明がなされるのかを考えてみましょう。

【ケース４】（再掲）

大学の休み時間に、バッグのなかに入れておいたＨの時計が友人Ｉにより盗まれていた。次の休み時間、Ｈはたまたま I の机の引き出しのなかに自分の時計が入っているのを発見した。そこで、ＨはＩに無断で自分の時計を取り戻して帰宅した。

【ケース４】では、本来なら窃盗罪の成立を認めるべきでないと思われるのに、占有説によるとこれが成立してしまうという点が問題でしたね。

この問題点を克服するために、占有説は**「窃盗罪の構成要件該当性は認められるものの、違法性がないから犯罪が成立しない」**と主張します。

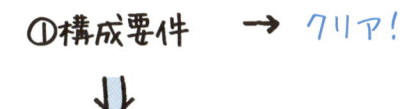

①構成要件　→　クリア！
　　⇩
②違法性　→　否定

構成要件と違法性については、Part11とPart12で勉強しましたね。

これを窃盗犯人から時計を取り戻した場合について考えてみましょう。占有説に立つ以上、法益侵害は否定できないので、構成要件には該当します。

しかし、「窃盗犯人から自分の盗まれた物をすぐに取り戻す」という例外的な場合に限って、「刑罰を科してでも禁止すべき」だとはいえないので、違法性が否定されると考えることもできます。

このように考えれば、占有説を採りながらも、【ケース４】の場合には例外的に犯罪の成立を否定することができ、妥当な結論を導くことができるのです。

> 結果的には本権説と同じように、犯罪の成立を否定できるわけだね。

まとめ

- 本権説の問題点①〜③は、以下のように考えることで克服が試みられている。
  - 問題点①→【ケース１】において、「Aから時計を盗むというCの行為によって、はじめの窃盗の被害者Bの所有権を再び侵害した」と考えることで、窃盗罪の成立を認める。
  - 問題点②→「法律の所定の手続を経ないで没収されることはないという利益」を本権と捉えることで、窃盗罪の成立を認める。
  - 問題点③→民事訴訟と刑事訴訟の判断は必ずしも一致する必要はないと考えることにより、民事訴訟で所有権が誰にあるかが確定しなくても、窃盗罪の成否が判断できると考える。
- 占有説の問題点は、「窃盗罪の構成要件該当性は認められるものの、違法性がないから犯罪が成立しない」と考えることにより、克服が試みられている。

Part 14

刑事訴訟法が主役になる！
【刑事訴訟法の役割と目的】

その1 刑事訴訟法の基礎知識
——これを読めばニュースがわかる！

基本用語の意味

さあ、いよいよ最後に勉強する法律は、「刑事訴訟法」です。民事訴訟法が民事事件についての手続法であったのに対し、刑事訴訟法は刑事事件の手続法です。

刑事訴訟法の基本がわかると、毎日のニュースや新聞を見る目が変わってきます。ポチくんは、「容疑者」とか「被告人」とかいう言葉を目にしたことはありませんか？

> テレビや新聞でよく聞く言葉だけど、正確にはどんな意味かは知らないなぁ……。

刑事訴訟法がどのような法律であるかを勉強していくにあたって、まずは基本的な専門用語の意味を正確に理解することが大切です。刑事訴訟法には、語感は似ているけれど意味がまったく異なる紛らわしい言葉がいくつもあるので、まずはそれらの区別をしっかりとつけておきましょう。

◆「被疑者」と「被告人」

まずしっかりと区別しなくてはいけないのが、「被疑者」と「被告人」という言葉です。

被疑者とは、罪を犯したと疑われ捜査の対象となっているが、まだ起訴されていない者のことをいいます。被告人とは、検察により起訴された者のことをいいます（「検察」や「起訴」という言葉については、すぐあとに説明します）。

犯罪行為をしたと疑われる人は、まず「被疑者」として捜査の対象となり

ます。その後、疑いが濃厚になり検察が実際に起訴した場合には、起訴された時点から「被告人」と呼ばれることになるのです。

> 被疑者は「怪しいと疑われている人」、被告人は「裁判にかけられた人」のことだね。よくニュースとかで聞く「〇〇容疑者」とか「〇〇被告」とは違うの?

「容疑者」という言葉は「被疑者」とまったく同じ意味の言葉です。もっとも、「容疑者」は日常用語であり法律用語ではありません。刑事訴訟法では必ず「被疑者」という言葉を使い、「容疑者」という言葉を使うことはないので、注意してください。

また、ニュースなどでは刑事事件についても「**被告**」という言葉が使われますが、これは法律的には誤りです。

Part10で勉強したように、「被告」という言葉は、民事訴訟において「訴えられる人」のことを意味するので、刑事訴訟においてこの言葉が使われることはありません。刑事訴訟において訴えられた(起訴された)人のことは、必ず「被告人」と呼びます。

> 刑事訴訟法の勉強では、日常用語である「容疑者」とか「被告」という言葉を使ってはいけないんだね!

◆「検察官」と「警察官」

では次に、**検察官**と**警察官**の違いについて説明しましょう。この2つの言葉は発音がとても似ているので紛らわしいのですが、実はまったく意味が違いますので、注意が必要です。

検察官は、**被疑者を起訴する権限をもち、公判では証拠を提出して被告人の有罪を立証する**という役割を担います。また、有罪を立証するのに必要な資料や証拠を集めるため、自ら犯罪の捜査も行ないます。

警察官は、普段は**犯罪の予防や公共の安全維持のために活動**していますが、**犯罪が発生すると検察官の指揮の下で実際の捜査を行ないます**。

> うーん、まだいまいち検察官と警察官の違いがはっきりつかめないんだけど……。

　検察官と警察官の最大の違いは、**検察官は被疑者を起訴する権限をもつが、警察官はその権限をもたない**という点にあります。犯罪発生後の捜査は両者が協力して行ないますが、**最終的に被疑者を起訴し、刑事訴訟で有罪を立証する**のは検察官なのです。このことを民事訴訟の場合と比べると、下の表のようになります。

	民事訴訟	刑事訴訟
訴える人	原告	検察官
訴えられる人	被告	被告人

　また、検察官と警察官の役割を時系列に沿ってまとめると、下の表のようになります。

	犯罪発生前	捜査	起訴	公判
検察官		警察官を指揮して捜査を行なう	起訴する権限をもつ	被告人の有罪を立証する
警察官	犯罪の予防・公共の安全の維持	検察官の指揮に従って捜査を行なう		

◆「逮捕」と「起訴」

　先ほどから「起訴」という言葉が何度か出てきましたが、起訴とは、**検察官が刑事訴訟を提起すること（被疑者を訴えること）**をいいます。起訴によって、それまで「被疑者」と呼ばれていた者が「被告人」へと変わるのでしたね。

裁判所が「被告人が犯罪行為をした」と認めた場合には、有罪が宣告され、刑罰が科されることになります。
　これと紛らわしいのが、「逮捕」という言葉です。逮捕とは、**被疑者が証拠を隠滅したり逃げてしまうのを防ぐために、捜査機関が一定の時間、被疑者の身体を拘束すること**をいいます。

> 起訴とは裁判にかけられること、逮捕とはとりあえず身体を拘束することをいうんだね。

　ここでのポイントは、**刑事訴訟において有罪が確定してはじめて法的にその人が犯人であると評価される**という点です。
　ニュースなどでは、逮捕や起訴された人物があたかも犯人であるかのように扱われることも多いです。しかし、実はその時点ではその人が犯人であるという確証はなく、その後の裁判でどのような判断が下されるのかをしっかりと見守っていく必要があるのです。

> 単純に「逮捕された人・起訴された人＝犯人」と考えてはいけないんだね。

手続の流れ

　刑事訴訟法は、犯罪が本当にあったのかを明らかにしていくプロセスを定めた法律です。Part10の民事訴訟法のところでもいいましたが、手続法の勉強では、手続の「プロセス（流れ）」をしっかり頭に入れることが大切です。刑事訴訟は次の①～④のような流れで進んでいきます。

＜刑事訴訟の流れ＞
①捜査
　捜査は、訴訟を行ない被疑者（被告人）の有罪を立証するために、その身柄を確保し、裁判に必要な証拠を収集する段階です。訴訟の準備段階ともいえます。

②起訴

起訴とは、検察官が裁判所に対して、刑事裁判をはじめるよう申し出るステップです。捜査により十分な証拠が集まり、検察官が起訴をする必要があると判断した場合には、被疑者は起訴されます。

③公判

公判とは、検察官と被告人・弁護人がそれぞれの主張を行ない、必要な場合には証拠を調べ、最終的には裁判所が判決を下す手続をいいます。

④上訴 or 判決の確定

判決が言い渡された後、それに不服のある当事者（検察官と被告人・弁護人）は、上級の裁判所に不服を申し立てることができ、これを上訴と呼びます。当事者が特に不服を申し立てることなく所定の期間が過ぎた場合には、判決が確定します。

まとめ

- 刑事訴訟法では、「被疑者」と「被告人」、「検察官」と「警察官」、「逮捕」と「起訴」など、まぎらわしい言葉が多いが、これらの意味の違いをしっかりと理解しておく必要がある。
- 刑事訴訟は次のような流れで進んでいく。
  ①捜査→②起訴→③公判→④上訴 or 判決の確定

その2 刑事訴訟法の役割
――主役を狙う刑事訴訟法

側面①――脇役としての刑事訴訟法

　一通り刑事訴訟法の基礎知識を確認できたので、ここからは刑事訴訟法では、具体的にどのようなことが問題となるのかを見ていきたいと思います。まずは刑事訴訟法の役割を勉強しましょう。

　Part10（民事訴訟法）で勉強した「**実体法**」と「**手続法**」の違いを思い出してください。

　刑法は国家の刑罰権（国民を処罰する権利）を定めた法律なので、「実体法」にあたります。

　一方、刑事訴訟法は国家の刑罰権を実現するための手続を定めた法律なので、「手続法」にあたります。

> 実体法と手続法の関係って、映画の主役と脇役の関係に似ているよね。
> 「実体法という主役のために手続法という脇役がいる」というイメージがあるよ。

　「実体法＝主役」、「手続法＝脇役」というのはなかなかよい例えだと思います。

　たしかに、刑事訴訟法は刑法を実現するための法律ですので、主役である刑法を助ける脇役としての役割を担っています。

　ただし、**刑事訴訟法の「脇役」としての側面を理解するだけでは、この法律が果たす役割の半分を理解したに過ぎない**といえます。

側面②——主役としての刑事訴訟法

◆刑法の前に立ちはだかる刑事訴訟法

> 刑事訴訟法は脇役としての役割以外も担っているということ？

　実は、刑事訴訟法は刑法の価値を実現するための「脇役」であるにとどまらず、**刑法から独立した独自の存在意義をもつ法律**なのです。
　これは、刑事訴訟法は時に「主役」になるということを意味しています。刑事訴訟法独自の存在意義とは、**国家権力の行使から我々国民を守ってくれる最後の砦になる**ということです。

> 刑事訴訟法が刑法から独立してるって、どういうこと？
> 刑事訴訟法が「主役」になるなんてことが本当にあるの？

　刑罰を科するという国家の行為は国民に対する人権の制約のなかでも最も程度の大きいものなので、必要最小限でなくてはなりません。特に、本当は何もしていない者が処罰されることは決してあってはなりません。
　そこで刑事訴訟法は、**間違っても無実の者を処罰しないための手続**であり、ひいては、**国家の刑罰権の行使を制限する役割**を果たしているのです。
　憲法第31条は「何人も、法律の定める手続によらなければ、その生命若しくは自由を奪はれ、又はその他の刑罰を科せられない」として、**法定手続の保障**を定めています。
　これは**「刑事訴訟法の定める手続を経た場合でなければ、犯人を処罰することはできない」**という意味で、しばしば**手続なければ刑罰なし**というフレーズで表現されます。これにより、刑事訴訟法は国民が不当に処罰されないよう、刑法の前に立ちはだかるのです。

> 「手続なければ刑罰なし」という原則のおかげで、国民が権力者に自分勝手に刑罰を科せられることを防いでいるんだね。

この意味で、**刑事訴訟法は単なる「脇役」ではなく、国民の自由を守るため、刑法とは独立した意義をもった「主役」になる**のです。

◆被告人を乗せた車のスピード違反を防げ！
　①刑法、②「脇役」としての刑事訴訟法、③「主役」としての刑事訴訟法の三者の関係を理解するために、自動車を例にして考えてみましょう。
　被告人を乗せた自動車が、「犯人の処罰」というゴールに向けて走っているところを想像してみてください。

　このとき、①刑法は国家の刑罰権を定めた法律ですので、この車が「犯人の処罰」というゴールに向かうための**アクセル**になります。
　そして、②「脇役」としての刑事訴訟法は、アクセルが踏まれた車のスピードが最高になるように調整する**ギア**の役割を果たします。つまり、被告人の車は、刑法というアクセルと、刑事訴訟法というギアが組み合わされることによって、「国家の刑罰権行使＝犯人の処罰」というゴールに向かってトップスピードで進んでいくことになるのです。

> ①刑法と②「脇役」としての刑事訴訟法が協力することによって、犯人の処罰に近づいていくということだね！

　しかし、このままでは車が加速し過ぎてスピード違反になってしまう危険があります。これは、国家が暴走し、証拠をでっちあげたりして国民を不当

に処罰しているような状態です。冤罪(えんざい)はその典型例です。

そこで登場するのが、③「主役」としての刑事訴訟法です。「主役」としての刑事訴訟法は、この車のスピードを適切なものへと制御する**ブレーキ**の役割を果たします。このブレーキがあるおかげで、国家の暴走を食い止め、国民の自由が守られるのです。

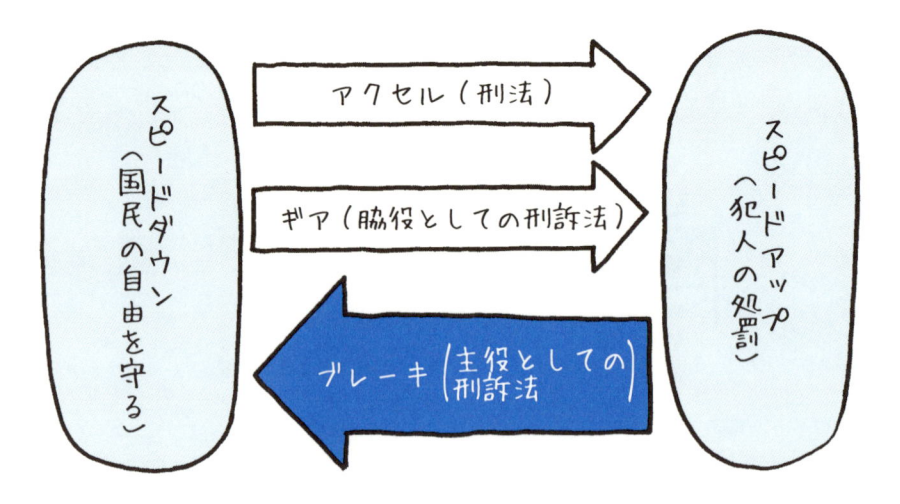

```
スピードダウン          アクセル（刑法）         スピードアップ
（国民の自由を守る） ←――――――――――――→  （犯人の処罰）
                  ギア（脇役としての刑訴法）
                  ←――――――――――――
                  ブレーキ（主役としての刑訴法）
```

このように、**刑事訴訟法は、「刑法を実現するために犯人を処罰する」という側面と、「国民の自由を守るために国家の暴走を食い止める」という側面をもつ**法律なのです。

> **まとめ**
>
> ● 第一に、刑事訴訟法は、刑法（実体法）の定める国家の刑罰権を実現するための手続を定めた手続法である（「脇役」としての刑事訴訟法）。
> ● 第二に、刑事訴訟法は「手続なければ刑罰なし（憲法第31条）」という理念の下、国家の刑罰権の行使を制限するという役割も担う。よって、刑事訴訟法は国民が不当に処罰されないよう刑法の前に立ちはだかるという意味で、刑法とは独立した意義をもった法律であるといえる（「主役」としての刑事訴訟法）。

その3 刑事訴訟法のエッセンス
――「人権保障」と「真実発見」

第1条は刑事訴訟法のエッセンス

　さあ、いよいよ刑事訴訟法の核心部分を勉強していきます。この法律のエッセンスをつかむためには、刑事訴訟法の目的が述べられた第1条に注目するのが手っ取り早い方法です。

　刑事訴訟法には多くの条文がありますが、それらはすべて、第1条に込められた「刑事訴訟法のエッセンス」を具体化したものに過ぎません。というわけで、まずは刑事訴訟法第1条を読んでみてください。

刑事訴訟法第1条
　この法律は、刑事事件につき、公共の福祉の維持と個人の基本的人権の保障とを全うしつつ、事案の真相を明らかにし、刑罰法令を適正且つ迅速に適用実現することを目的とする。

> 刑事訴訟法第1条には「人権」とか「適正」とかきれいな言葉ばかり並んでいて、ぱっと見ただけでは特別な意味はなさそうな気もするけど……。

　たしかに、刑事訴訟法第1条を何となく読んでも意味がつかめないと思います。そこで、刑事訴訟法のエッセンスを読み取るための2つのキーワードを紹介します。

　2つのキーワードとは、条文中にある**「基本的人権の保障」**と**「事案の真相」**という言葉です。

　これらのキーワードに注目して、もう一度条文を読んでみましょう。その際、重要でない部分を以下のように括弧でくくっておきましたので、その部

分は読み飛ばしてください。

> **刑事訴訟法第1条**
> この法律は、（刑事事件につき、公共の福祉の維持と個人の）**基本的人権の保障**（と）を全うしつつ、**事案の真相**を明らかに（し、刑罰法令を適正且つ迅速に適用実現）することを目的とする。

括弧でくくった部分を省略し重要な部分だけをピックアップして読んでみると、刑事訴訟法第1条は、

「刑事訴訟法は、『基本的人権の保障』と『事案の真相を明らかにすること』を目的とする」

ということを明言していることがわかります。

この「基本的人権の保障」と「事案の真相を明らかにする」という部分が重要です。
これらはそれぞれ**人権保障**と**真実発見**と呼ばれ、刑事訴訟法を理解するために最重要のキーワードになっています。
そして、「**人権保障と真実発見の調和**」こそが刑事訴訟法のエッセンスなのです。

> 「人権保障」と「真実発見」に注目すると、刑事訴訟法第1条の大切なメッセージが浮かび上がってくるんだね！

また、刑事訴訟法第1条の最後のまとまりには、「刑罰法令を適正且つ迅速に適用実現することを目的とする」と書かれていますね。
この部分は、刑事訴訟法は「刑法を実現するための手続法」である以上、その**最終的な目的が刑法の適正・迅速な適用実現にある**ことを示しています。

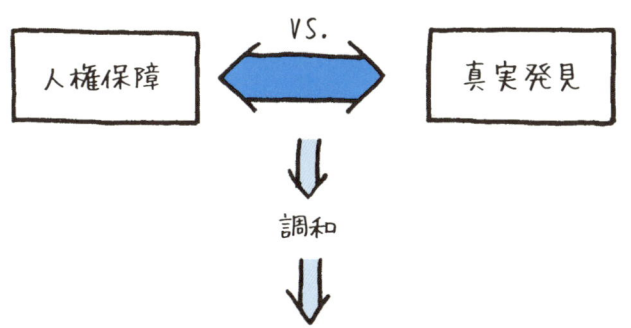

```
  人権保障  ← vs. →  真実発見
              ↓
             調和
              ↓
   「刑罰法規の適正かつ迅速な適用実現」
```

◆犯人を処罰するために「真実発見」が必要

> 「人権保障と真実発見の調和」って、具体的にはどういう意味？

　いうまでもないことですが、他人を殺害した人間が何の罰も受けず、そのまま野放しにされることは許されません。国家が社会の秩序を維持し国民が安全・安心な暮らしを送るためには、犯罪は必ず発見して処罰に漏れがないようにしなければならないのです。

　したがって刑事訴訟では、犯罪を発見して犯人を処罰するために、過去に起こったできごと＝「真実」を明らかにすることが強く要請されます。

　つまり、刑事訴訟法は第一に、**犯人を処罰するために、真実（過去に起こった事実）を明らかにすることを目的とした法律**なのです。これが、「真実発見」の意味です。

　先ほどの自動車の例でいうと、刑事訴訟法がギアとして機能し、犯人処罰のために自動車を加速させる役割を果たしているということです。

　ちなみに、Part10で勉強したように、民事訴訟法では真実を発見すること自体はそれほど重視されていません。これは、**「私的自治の訴訟法的反映」**という考え方によって、当事者の意思に基づいて紛争が解決すればそれでよいと考えるためでしたね。

　これに対して、刑事訴訟法の場合は、真実を発見することがとても重要で

す。刑事事件は単なる私人間の争いではなく、重大な人権侵害を伴うものですから、公共的な立場から真実を明らかにしていくことが要請されるのです。

◆**憲法に定められた被告人の「人権保障」**

> ところで、刑事訴訟では真実発見が重要なら、なぜ犯人だとわかっている人間にまで弁護士が味方をする必要があるの？ 犯人であることが明らかな人間まで弁護して無罪を主張したりするのは、よくないことのような気もするんだけど……。

なかなか鋭い質問ですね。

その質問の答えは、刑事訴訟法のもう1つの目的である「人権保障」について考えると明らかになります。

結論からいうと、憲法と刑事訴訟法は、**被告人の人権を最大限に保障する必要がある**という立場にあり、そうした要請の1つの表われとして、被告人には弁護士に弁護してもらう権利が認められているのです[11]。

> でも、被告人のなかには犯罪をしたことが明らかな人もいるよね？ どうしてそんな人たちにまで「最大限」人権を保障する必要があるの？

それは、歴史的に被告人はあたかも犯罪者であることが決まったかのような扱いを受け、国家から過酷な取調べや不当な人権侵害を受けてきたという事情があるからです。歴史上、政府にとって都合の悪いことを主張する国民を不当に逮捕したり、刑罰を科したりすることが繰り返されてきました。先ほどの自動車の例でいうと、国家がスピード違反をしていた状態です。

そのようなことが決してないように、現代の刑事訴訟法は国家にブレーキ

---

[11] 憲法第37条第3項「刑事被告人は、いかなる場合にも、資格を有する弁護人を依頼することができる。被告人が自らこれを依頼することができないときは、国でこれを附する。」

をかける役割も担っています。そのために被告人の人権保障が目的の1つとされているのです。被告人の人権保障のために重要な役割を果たすのが、先ほども紹介した憲法第31条です。

> **憲法第31条**
> 何人も、法律の定める手続によらなければ、その生命若しくは自由を奪はれ、又はその他の刑罰を科せられない。

憲法第31条は、単に刑罰を科すために法律の手続が必要だということを意味しているのではなく、**裁判を経て有罪が確定するまでは被告人を無罪として扱う**ことまでも意味していると考えられています（無罪の推定）。

そして、被告人は無罪として扱われる以上、刑事手続においても私たち（起訴されていない一般国民）とできるだけ同じ扱いをされなければなりません。

したがって、**被告人についても一般国民と同様に、その人権が最大限に保障される必要がある**のです。

> 歴史的な反省を踏まえると、被告人の人権保障が大切だということがわかったよ。そして、被告人は憲法第31条によって「無罪の推定」を受けるから、一般国民と同様に人権が保障される必要があるんだね。

「真実発見」と「人権保障」のバランス

◆「真実発見」と「人権保障」の緊張関係

ここまで、「真実発見」と「人権保障」の2つが刑事訴訟法の目的であることをお話ししてきました。

お気づきのとおり、**2つの目的は相対立し、緊張関係に立つ**ものです。「緊張関係に立つ」とは、どちらか一方を重視すれば、他方がないがしろにされるおそれがあることを意味しています。

> たしかにいままでの説明を聞く限りでは、2つの目的を両立させることはむずかしそうだね。

　仮に捜査段階において「真実発見」という目的だけを重視すると、警察官や検察官が【A群】にあるような行為をすることが無制限に許容されてしまうことになります。

【A群】
①被疑者が留守の間に被疑者の家に勝手に上がりこんで、証拠を探す。
②被疑者の会話を盗聴したり被疑者の姿を盗撮したりする。
③被疑者の血液・体毛・指紋を強制的に採取する。

　一方で、「人権保障」という目的だけを重視すると、警察官や検察官は【B群】にあるような行為が一切できないことになります。

【B群】
①被疑者の家に犯罪の証拠が存在することが確実である場合に、その家を強制的に捜索する。
②不審な行動をしている者を交番まで同行させ、取調べを行なう。
③覚せい剤を使用している疑いのある者の尿を強制的に採取する。

> 【A群】のような捜査が自由にできてしまうのも嫌だけど、【B群】の行為がまったくできないとなると犯人を見つけられなくなりそうだね……。

◆「真実発見」と「人権保障」の調和
　このように見てみると、真実発見と人権保障の目的のどちらか一方だけを重視すると、妥当でない結論になってしまうことがわかります。
　仮に【A群】の行為が無条件に許されるとすれば、捜査機関は「真実発

見」というゴールに向けて暴走し、被疑者や被告人に対する人権侵害にブレーキをかけられなくなります。このような状況は、到底許されることではありませんし、先に見た「無罪の推定（憲法第31条）」という考え方とも相容れません。

一方、【B群】にある行為までまったく許されないとすれば、警察や検察が犯罪捜査をすることが著しく困難になり、犯人を処罰できなくなります。これでは、私たちの社会は犯罪で溢れかえることになってしまいます。

したがって、**緊張関係に立つ2つの目的のうち、どちらか一方の目的だけを重視することはできない**といえます。

> じゃあ、どうにかしてバランスを取らないといけないね。そんなことできるの？

刑事訴訟法では、「真実発見」と「人権保障」という2つの目的を同時に実現する必要があります。そこで刑事訴訟法には、**2つの目的を両立させるために緊張関係の妥協点を見つけて折り合いをつけるための規定**が並んでいるのです。

したがって、刑事訴訟法の条文の一つひとつは、真実発見と人権保障を両立させるための努力の結晶であるといえます。このことを、刑事訴訟法第197条第1項を例にして見てみましょう。

刑事訴訟法第197条第1項
捜査については、その目的を達するため必要な取調をすることができる。（本文）
但し、強制の処分は、この法律に特別の定のある場合でなければ、これをすることができない。（但し書き）

刑事訴訟法第197条第1項の本文は、刑事訴訟法の2つの目的のうち、「真実発見」を実現しているといえます。誰が真犯人であるかという真実を発見するために、捜査機関は被疑者などを取り調べることができるのです。

では、但し書きはどうでしょうか？　この部分は非常に重要で、**強制処分**

法定主義を定めたものであるといわれています。強制処分法定主義とは、**強制処分（強制的な捜索や物の差押など、個人の意思を制圧し重大な人権を侵害する捜査方法）は、法律に定められている場合に限って、一定のルールに従ってのみ行なうことができる**という考え方をいいます。

> 重大な人権を無理やり侵害するような捜査をする場合には、必ず法律に定められた方法でやらなければいけないんだね。

　強制処分と呼ばれる捜査活動は重大な人権侵害を伴います。したがって、捜査機関がどのような強制処分ならしてもよいのかを国会が法律の形で定めることによって、被疑者の人権が不当に侵害されることを防止する必要があります。これが、刑事訴訟法第197条第1項但し書きが強制処分法定主義を定めている理由です。

　したがって、**但し書きにある「強制処分法定主義」は、「人権保障」の目的を達成するためのものである**ということがわかりますね。

　以上をまとめると、刑事訴訟法第197条第1項は、「**捜査機関は"真実発見"のために取調べをできるが、"人権保障"の観点から強制処分は法律で定められたものしかできない**」ということを定めた条文であるといえます。

> 1つの条文のなかで刑事訴訟法の2つの目的の調和が図られているんだね！

まとめ

- 刑事訴訟法第1条にあるように、刑事訴訟法の2つの目的である「真実発見」と「人権保障」の調和が、刑事訴訟法のエッセンスである。
- 真実発見と人権保障は相対立し、緊張関係に立つ。そこで刑事訴訟法には、この2つの目的を両立させて折り合いをつけるための規定が並んでいる。

索引

あ

違憲	31
違憲審査権	31,94,100
意思主義	133,158
意思表示	128
意思表示の効力	130
違法性	211,216
訴えの提起	189

か

外国人の享有主体性	54
学説	20,21
過失致死罪	222
家族法	114
株式	165,168,177
株式会社	164,168
株主総会	172
議院内閣制	94,95
帰責性	161
起訴	254,256
基本的人権の保障	261
義務	117
行政権	78,87
強制処分法定主義	267
禁制品	238
偶然防衛	228
経済的自由権	69
警察官	253
契約	118
契約自由の原則	122
結果無価値論	219,225
原告	189
検察官	253
憲法上の人権	42
権利	116
行為無価値論	219,225
公共の福祉	63

合憲	31
公示	149
公示の原則	149
公示方法	149
公序良俗	123
構成要件該当性	209
公判	256
国家からの自由	50
国家による自由	52
国家への自由	51
国権の最高機関	78

さ

債権	115
債権法	114
最高法規性	30
財産法	114
裁判所の判決による終了	190
債務	115
錯誤	137
殺人未遂罪	221
三権分立	76,78
参政権	50,51
事案の真相	261
自然人	166
実体法	184,257
私的自治の原則	121,158,196
私的自治の訴訟法的反映	197,263
司法権	78,82
司法権の独立	94,104
社会権	50
衆議院の解散権	98
自由権	50
自由の基礎法	30,33
自由保障機能（人権保障機能）	204
上訴	191,256
承諾	129

条文	20
所有権	118, 148
所有と経営の分離	175
人権	36, 50
人権の享有主体性	54
人権保障	262
真実発見	262
真実発見の要請	192
心身喪失	213
親族法	114
制限規範性	30, 34, 51
精神的自由権	69
正当防衛	211, 224
責任	213
占有説	235, 242
捜査	255
総則	114
相続法	114
即時取得	140
訴訟（裁判）	188
訴訟の開始	189
訴訟の終了	190
訴訟の審理	190

た

大統領制	96
逮捕	255
調停	189
手続法	184, 192, 257
天皇主権	89
登記	150
当事者の意思による終了	190
統治機構	36
取引安全の保護	136

な

内閣総辞職制度	97
内閣不信任決議権	98
内閣不信任制度	97
二重譲渡	147, 152

二重の基準論	69

は

判例	20, 21
被疑者	252
引渡し	150
被告	189, 253
被告人	252
表意者	131
表現の自由	60
表示主義	133, 158
物権	114, 148
物権変動	148
物権法	114, 146
紛争の発生	188
防衛の意思	229
法益	203
法益保護機能	203
法人	166
法秩序の統一性	248
法定手続の保障	258
法律の留保	47
保護法益	203
本権説	235

ま

民事訴訟による解決	189
申込み	128

や

唯一の立法機関	78
要件と効果	22

ら

立法権	78

わ

和解・示談	189

【著者】

品川 皓亮（しながわ こうすけ）

1987年東京都生まれ。東京都立国分寺高校から京都大学総合人間学部に進学し、入学当初は哲学を専攻。現在に至るまで、仏教をはじめ東洋思想に興味を持つ。その後法学部に転部し、京都大学法科大学院在学中に本書を上梓。
2013年に京都大学総長賞を受賞。同年に京都大学法科大学院を卒業し、司法試験に合格。2015年1月からTMI総合法律事務所に弁護士として勤務した後、現在は、女性のライフキャリア支援事業に取り組むベンチャー企業である株式会社LiBに勤務。著書に『読み方・使いこなし方のコツがわかる　日本一やさしい条文・判例の教科書』(日本実業出版社)がある。

【監修者】

佐久間 毅（さくま たけし）

1963年生まれ。京都大学法学部卒。現在、京都大学大学院法学研究科教授。岡山大学法学部助手、同助教授、京都大学大学院法学研究科助教授を経て、現職。専門は、民法。

日本一やさしい法律の教科書
2011年10月20日　初版発行
2024年12月10日　第21刷発行

監修者　佐久間　毅　©T.Sakuma 2011
著　者　品川　皓亮　©K.Shinagawa 2011
発行者　杉本　淳一

発行所　株式会社 日本実業出版社　東京都新宿区市谷本村町3-29 〒162-0845
　　　編集部　☎03-3268-5651　　振替　00170-1-25349
　　　営業部　☎03-3268-5161
　　　　　　　　　　　　　　https://www.njg.co.jp/

印刷／厚徳社　製本／若林製本

この本の内容についてのお問合せは、書面かFAX（03-3268-0832）にてお願い致します。
落丁・乱丁本は、送料小社負担にて、お取り替え致します。

ISBN 978-4-534-04875-2　Printed in JAPAN

日本実業出版社の本

好評既刊!

読み方・使いこなし方のコツがわかる
The Easiest Textbook of Clauses and Precedents

日本一やさしい条文・判例の教科書

品川皓亮[著] Kosuke Shinagawa
土井真一[監修] Masakazu Doi

基礎知識から実際の読み方まで、この1冊でスッキリ解説!

- 混同されがちな頻出用語の意味
- 長い条文を読むときのテクニック
- 判例の効率的な読み解き方
- 判決文の全体像をつかむ方法
etc.

日本実業出版社

品川皓亮・著／土井真一・監修

定価 本体 1600円（税別）

法律を勉強していくなかで、「条文・判例」の理解は欠かせません。法令の全体像から混同されがちな用語の意味、実際の読み方のコツまでを、豊富なイラストを交えてやさしく解説しました。法律を学んでいる学生・社会人にピッタリの一冊です。

定価変更の場合はご了承ください。